Dorothee Sölle

Stellvertretung

Ein Kapitel Theologie nach dem „Tode Gottes"

Kreuz-Verlag Stuttgart · Berlin

ISBN-Nummer: 3 7831 0217 0
6. Auflage (15.–18. Tausend) 1970
© Kreuz-Verlag Stuttgart 1965
Gestaltung: Hans Hug
Gesamtherstellung: Verlagsdruckerei E. Rieder, Schrobenhausen

DEN GÖTTINGER FREUNDEN
IN DER HOFFNUNG
AUF EINE REFORM DER KIRCHE

Einleitung

Unterwegs zur Identität

Dieses Buch geht von der Frage aus, wie ein Mensch mit sich selber identisch werden könne, und es versucht, sie in Beziehung zu setzen zu der anderen, was Christus für unser Leben bedeute.

Wer bin ich? Wie komme ich zu mir selber? Wie lebe ich so, daß ich es bin, der dieses mein Leben lebt? Wie erlange ich Identität? So fragt nicht nur die vor allem um sich selbst bekümmerte Subjektivität, sondern der Mensch in der Gesellschaft, die ihn bindet und formt, beschädigt und entstellt. Geblendet von den Rückschritten der Aufklärung in diesem Jahrhundert, jenem ungeheuren Rückgang in selbstverschuldete Unmündigkeit, betroffen von den immer neuen und sich vervielfältigenden Formen der Versagung jeder möglichen Identität, geängstet von den Neurosen, mit denen Zivilisation sich erkauft und nicht hält, was sie verspricht: Humanisierung — fragen wir nach einer Welt, in der es vielleicht einfacher sein möchte, mit sich identisch zu werden.

Aber jede Vision einer heimatlicheren Erde muß sich messen an der größten dieser Visionen, die wir kennen: am Reich Gottes. Wo ist es, wo findet es statt? Eine Frage für jedermann, dem es nicht gelingen will, von der Erfahrung der Nichtidentität kurzerhand abzusehen, jener Erfahrung, daß der einzelne es nicht selber ist, der lebt, daß er vielmehr gelebt wird und sich diesem Gelebt-Werden überläßt. Aber noch immer widerspricht die leise Stimme dessen, der als Anwalt jenes Reiches starb, aller wohlgegründeten Skepsis. Zwar wird das Reich Gottes und die in ihm „befestigte Wohlfahrt"[1] aller als ein vergangener Traum, dem Wunschdenken entsprungen, angesehen. Es gilt — dem ideologiefeindlichen Zeitalter — als eine Ideologie unter anderen, und es bleibt sich gleich, ob man es „atheistisch" als nichtexistent ignoriert, ob man es „christlich" als himmlisch-zukünftiges unserer Wirklichkeit entrückt oder marxistisch-leninistisch als plan- und machbares manipuliert. In jedem Fall fordert es das traurige Lächeln derer heraus, die mit den Ideologien auch der Hoffnung den Abschied geben. Aber noch immer widerlegt die beharrliche Stimme des Anwalts selbst diejenigen unter den Hoffnungslosen, die den Verlust ihrer Hoffnung nicht mehr bemerken können.

Die Theologie belehrt uns, daß nur derjenige sagen könne, wer er selber sei, der erfahren habe, wer Christus sei. Diese Behauptung, die den Inhalt des vorliegenden Buches ausmacht, ist „tendenziös"; sie tendiert in der Tat auf das Reich,

[1] J. S. Bach, Weihnachtsoratorium, 3. Tag

in dem Identität möglich sein soll. Das Verlangen des Menschen danach, mit sich selber identisch zu werden, wird hier nicht weiter abgeleitet, sondern als ein Unbedingtes angesehen; ob es je Menschen gab oder geben wird, die ohne solche Suche nach der eigenen Identität lebten, das läßt sich historisch-empirisch nicht ausmachen, es nimmt auch dieser Frage nichts von ihrer Dringlichkeit für uns. Und ob es tatsächlich die Erfahrung Christi ist, die uns zur eigenen Identität verhilft, das kann nicht erwiesen, dem kann aber sehr wohl nachgedacht werden. Theologie in diesem Sinne ist nachdenkende Beschreibung bestimmter Erfahrungen.

Solche Erfahrungen bei der Suche nach der eigenen Identität können freilich nur unter den jeweiligen — sich unaufhaltsam wandelnden — geschichtlichen Bedingungen gemacht werden, andernfalls handelt es sich um ein bloßes Weiterschleppen früherer Erfahrungen, unter deren Himmel der Mensch jeweils lebt. Die Bedingung, unter der Unbedingtes heute erscheint, ist im Untertitel dieses Buches genannt, es ist der „Tod Gottes", jenes alles bestimmende Ereignis, das sich innerhalb der letzten zweihundert Jahre europäischer Geschichte begeben hat. Es ist ein geschichtliches Ereignis und läßt sich als ein solches nicht ablösen vom Horizont von Schicksal und Handeln, Schuld und Chance, Versagung und Entsagung. Darum erscheint der Titel „Atheismus" unangemessen, dieses Ereignis zu beschreiben. Die es bemerkt haben — Hegel, Jean Paul, Nietzsche, um nur einige zu nennen —, haben sich nicht so ausgedrückt. Und die sich für Atheisten hielten, brauchten es nicht eigens zu bemerken, weil die Nichtexistenz eines höheren Wesens für sie keine Erfahrung war, sondern eine in der Natur der Welt zutage liegende Gegebenheit, die man nur aufzudecken, nur zu registrieren brauchte. Das Kriterium einer Unterscheidung zwischen Atheismus und der Erfahrung vom Tode Gottes kann freilich nicht der Sprachgebrauch allein sein, wenn er auch einen Hinweis bietet.

Daß Gott gestorben sei, sagt sich nicht anders als der Satz, daß ein Freund, ein Bekannter gestorben sei. Es ist, wie auch immer gehört, Tod eines anderen, nicht meiner. Der Tod des anderen ist aber immer Tod, der einen oder einige *betrifft*, nicht ein Tod an sich. Die Mutter ist den Kindern gestorben; nur bei der medizinischen Feststellung des Exitus kann auf solchen Dativ verzichtet werden. *Wem* ist Gott gestorben? Über die Toten wird in der Trauer entschieden, in Scham und Schmerz, im Gedächtnis. Das Kriterium, das darüber entscheidet, ob — im Reiche der dinglich objektiven Natur — über Theismus und Atheismus disputiert wird, oder ob — im Reiche menschlicher Geschichte — vom Tode Gottes die Rede ist, ist die Fähigkeit der Betroffenen, zu leiden. Gott ist nicht denen gestorben, die über ihn reden können mit der Wendung, „es gibt ihn nicht" — sowenig er denen lebt, die annehmen, es gäbe ihn. Beide haben die neue Erfahrung mit Gott, die unsere Lage bestimmt, nicht gemacht, vielleicht auch nicht verstanden oder verdrängt, diese neue Erfahrung, in der sich der einzelne in einer vollständig verwandelten Welt und Gesellschaft verunsichert und auf sich gestellt vorfindet.

Aber es gibt eine wachsende Zahl von Menschen, die dieser Erfahrung so ausgeliefert sind, daß sie sie nicht mehr einebnen können, weder in den Theismus noch in den Atheismus hinein, weil beide gleichermaßen eine Naivität, eine ungebrochene Weltanschauungsgewißheit darstellen. Alle Versuche einer Rückbindung an derart fixierte Positionen verfehlen die Wirklichkeit der zwischen ihnen hin- und hergehenden Reflexion, die die Frage nach dem Sinn des Existierens und nach dem Grund und Ziel der Welt weder beantworten noch auch loswerden kann. Diese im 19. Jahrhundert erst vorweg geahnte, heute immer allgemeiner gewordene, gelebte und gleichgültig ertragene oder auch bewußt ausgehaltene Ungewißheit kann weder die Wahrheit als eine objektive und tradierte sich aneignen noch auch sie mittels der leidenschaftlichen Anstrengung der Subjektivität, die den Sprung in den Glauben wagt, zu gewinnen hoffen. Beständig in der mehr gelebten als durchformulierten Dauerreflexion ist nur die Ungewißheit selber, die nicht übersprungen werden kann, weil sie als im Gewissen gegründet erfahren wird.

Der theologische Ausdruck solcher veränderten psychosozialen Bedingtheiten ist die Rolle vom „Tode Gottes" als Erfahrung vom Ende einer objektiven, allgemeinen oder auch subjektiven, privaten, jedenfalls aber unmittelbaren Gewißheit. Den Menschen, die im Horizont dieser Erfahrung vom Tode Gottes bleiben, ist das vorgegeben, was Hegel den „unendlichen Schmerz" nannte, nämlich „das Gefühl, worauf die Religion der neuen Zeit beruht, das Gefühl: Gott selber ist tot"[2].

Was bedeutet es angesichts dieser Erfahrung, nach der Identität des Menschen und nach dem Reich solcher Identität aller zu fragen? Hebt diese Erfahrung zugleich das Unternehmen Jesu auf, so daß wir auch mit ihm fertig wären, seitdem Gott tot ist? Oder schickt sie uns gerade auf den Weg, die in Christus gegründete Identität neu und genauer zu beschreiben? Dann käme es darauf an, andere Namen für Christus zu finden, die seine Sache in der Welt vielleicht angemessener zu benennen vermöchten.

Noch das 18. Jahrhundert hat sich nicht gescheut, neue Namen für Christus zu finden und ältere, schon bekannte erneut in Umlauf zu setzen. Man nannte ihn in bislang unbekannten oder wenig

---

[2] G. W. F. Hegel, Sämtliche Werke, ed. Lasson, Bd. I, 344

gebrauchten Formulierungen den Freund, den Lehrer, den Arzt, den Anwalt, den Stifter — friedliche und bürgerliche Bezeichnungen nach langer Zeit, in der er vornehmlich als der Held und der Krieger angerufen worden war. Mit dem Ende des bürgerlichen Zeitalters traten diese Bezeichnungen, die letzten von einiger geistesgeschichtlichen Bedeutung, zurück. Daß Christus auch heute noch Freund und Anwalt, Arzt und Lehrer sein könne, wurde aus dem theologischen Bewußtsein verdrängt. Man griff auf ältere Begriffe zurück, um auszudrücken, was Christus für die Glaubenden bedeute, man nannte ihn wieder und noch König und Herr, Hirt und Erlöser — Bildwörter, die durch historische Entfernung verklärt waren und die durch den Mangel jeder Anschaulichkeit vor Kritik und Verfall geschützt schienen. Während die tatsächlichen Schwierigkeiten der Übersetzung des Glaubens aus einer völlig vergangenen Welt in die unsere von Jahr zu Jahr wuchsen, setzten die Theologen, wie einst die Priester im Tempel zu Jerusalem, heilige Münzen, die längst außer Umlauf waren, zu speziell heiligen Zwecken wieder ein; die jetzt gültigen säkularen Wörter, mit denen wir Christus benennen könnten, hatten im Tempel nichts zu suchen; neue Prädikationen traten nicht auf.

In diesem Buch wird nun versucht, einen der ältesten Namen Christi von neuem durchzubuchstabieren: den des Stellvertreters. Fremd und nahezu unverständlich geworden ist auch dieser Name, seitdem er seine heilsgeschichtliche Konkretion eingebüßt hat, aber sein sprachlicher Vorzug liegt darin, daß ihm heute ein höherer Abstraktionsgrad eignet als Ausdrücken wie „König" oder auch „Herr"; er ist nicht bildhaft besetzt und präfiguriert, und darum erscheint es leichter, diesen Namen wieder aufzugreifen und seine Tragkraft in anders denkender Zeit zu erproben. Schwerer wiegt freilich der Einwand, daß „Stellvertretung" durch die dogmengeschichtliche Tradition allzusehr befrachtet und der Begriff schon darum zum Sinken verurteilt sei. Die Lehre von der Stellvertretung hat einen bestimmten dogmatischen Ort innerhalb der überkommenen kirchlichen Aussagen über Beruf und Leistung Christi. Sie wird da abgehandelt, wo innerhalb der Lehre von der Wiederherstellung der Gottesgemeinschaft in Christo Jesu (De fraterna redemptione) das Mittleramt Christi behandelt wird, das mittels einiger Elemente der Heilsgeschichte aufgeschlüsselt wird. So wie im Alten Testament Propheten, Priester und Könige den Willen Gottes vollzogen, so vollzieht sich auch Christi Amt in dreifacher Tätigkeit (munus triplex). Man unterscheidet das prophetische Amt: Christus bezeugt das Heil im Wort, vom hohepriesterlichen Amt: Christus verwirklicht das Heil im Versöhnungsopfer, und dem königlichen Amt: Christus eignet das Heil in seinem Reich an. Die Lehre nun vom munus sacerdotale, dem hohenpriesterlichen Amt, enthält in sich die von der Stellvertretung Christi. Christus ist an unserer Stelle für unsere Sünden gestorben, er hat stellvertretend Gott versöhnt und die uns zuvorkommende göttliche Gnade sichtbar gemacht.

Wenn hier trotz dieser Belastung mit für uns nicht mehr Leben weckenden, weithin toten Formeln eine neue „Lehre von der Stellvertretung" gesucht wird, eine Lehre, die die neuen Bedingungen, die wir abgekürzt die „nachtheistischen" nennen wollen, in keinem Augenblick außer acht lassen will, so liegt die Begründung des Unternehmens in den auffallendsten Schwierigkeiten, in die die Theologie heute geraten ist. Sie hängen mit ihrem jeweiligen Verständnis von Geschichte zusammen. Was Christus für uns tut, das wird in zwei unterschiedenen Richtungen des Nachdenkens über Geschichte interpretiert: entweder wird sie verstanden als der planmäßige Ablauf eines in Christus evident gewordenen Vorgegebenen, nämlich der Selbstoffenbarung Gottes. Christus erscheint dann als der „Erlöser" (auch wo dieses Wort nicht fällt), der uns frei gemacht hat von den Verknechtungen, die uns die Welt und die Gesellschaft „noch" antun können, er hat uns, Gefangene, ausgelöst und im Sinne eines urbildlich-mythischen Aktes befreit. Der Gedanke seiner bereits aufgerichteten Herrschaft aber überwältigt den seiner noch ausstehenden Zukunft, sobald in der Geschichte nichts mehr auf dem Spiel steht und sie sich in das Höhere der Heilsgeschichte und ihre senkrecht von oben einbrechenden Gnadenströme verflüchtigt hat.

Eine andere Weise, das, was Christus für uns tut, nachdenkend zu interpretieren, ist der Ansatz bei der Geschichtlichkeit der Person, die durch Christus ermöglicht und zur Wahrheit ihrer selbst gekommen ist. Christus erscheint dabei als der „Erstgeborene unter vielen Brüdern", der im Sinne dieser stärker ethisch geprägten Reflexion zur Verantwortung für die Welt befreit hat.

Beide Interpretationen der Leistung Christi, Erlösung als heilsgeschichtliches Datum und Verantwortung als Geschichtlichkeit, prägen, je nach dem unterschiedlichen Gewicht, das man ihnen beilegt, die möglichen Ansatzpunkte für eine Christologie. Die Schwierigkeit liegt darin, beide Elemente, die doch in der gelebten christlichen Existenz nicht unterschieden werden können, einander zuzuordnen. Ist es ein Nacheinander? Wie verhalten sich Verantwortung und Erlösung zueinander? Ist der mythische Akt nur die Einkleidung einer ethischen Reflexion? Wie verhält sich der Erlöser zu dem Rabbi, der die bessere Gerechtigkeit lehrte?

Beide, Erlösung und Verantwortung, haben Anteil an dem, was Stellvertretung meint. Aber sie selber hebt die widerstreitenden Elemente in einer neuen Einheit auf. Der Stellvertreter ist als Figur „mythischer", als die aufgeklärte Vernunft der Nur-Verantwortlichen sich träumen läßt; er ist in anderer Weise ethisch, als die Selbstgewißheit der Erlösten, die unter der „Herrschaft" Christi stehen, wahrhaben will, weil er das Reich, da Identität und Freude lacht, nur „vertritt" und nicht als ein höheres Wirkliches setzt.

Was ist das aber: Stellvertretung?

Der Begriff kommt nur dann für die Beschreibung der Sache Jesu in Frage, wenn er sein konkretes Fundament im gesellschaftlichen Miteinander der Menschen hat, wenn er also ein allgemeines Phänomen auch unserer Welt deckt.

Wir gehen darum vom alltäglichen Sprachgebrauch und seinen Verschiebungen aus und versuchen zunächst das Phänomen zu beschreiben, die Strukturen unter soziologischer und anthropologischer Hinsicht zu erläutern (1. Teil, Vorverständnis). Die größte Schwierigkeit bei dieser Betrachtung macht der im deutschen Idealismus formulierte und seither geläufige Gedanke, daß der einzelne unersetzlich sei. Gesprächspartner dieser Vorüberlegungen sind daher die idealistische Philosophie einerseits, der Positivismus andererseits. Im 2. Teil, der von theologisch nicht vorbelasteten Lesern ohne weiteres überschlagen werden kann, wenden wir uns an die theologische Tradition und untersuchen an einigen exemplarischen Stellen ihre Vorstellungen von Stellvertretung, wobei freilich die im 1. Teil gewonnenen Strukturen kritischer Maßstab bleiben. Schließlich wird im 3. Teil der Versuch gemacht, Stellvertretung innerhalb einer heutigen Theologie zu reflektieren. Es handelt sich dabei um das christologische Problem: daß und wie der Mensch Gottes uns vor Gott und Gott bei uns vertritt.

Stellvertretung und Ersatz

Das Vorverständnis

„Des Geistes Substanz ist die Freiheit. Sein Zweck
in dem geschichtlichen Prozeß ist hiermit
angegeben: die Freiheit des Subjekts, daß es sein
Gewissen und seine Moralität, daß es für sich
allgemeine Zwecke habe, die es auch geltend mache,
daß das Subjekt unendlichen Wert habe und
auch zum Bewußtsein dieser Extremität komme."[3]

---

[3] Hegel, Sämtliche Werke, ed. Lasson, Bd. VIII, 426

1. Eine Wortuntersuchung

Als ich in Urlaub fahren wollte, suchte ich einen Stellvertreter. Als ich krank wurde, mußte ich vertreten werden. Als ich starb, wurde ich ersetzt. Wer bin ich? Ersetzbar? Einmalig? Unvertretbar? Einmal, als ich längere Zeit arbeitsunfähig war, kam eine Vertretung, die tüchtiger war als ich... Als ich zurückkehrte, gab man mir einen anderen Posten, weil man bemerkt hatte, daß ich unbrauchbar war. Der mir die Stelle offenhalten sollte, hatte mich ersetzt. Aus dem Stellvertreter war ein Ersatzmann geworden.

Auch wo dies nicht so eindeutig geschieht, weist doch ein veränderter Sprachgebrauch auf ein sich veränderndes Bewußtsein hin: der im Krieg geläufige Ausdruck „Ersatzmann" verdrängt das frühere Wort „Stellvertreter". Dem korrespondiert eine Sprachentwicklung, die den Vertreter von der persönlichen Beziehung auf den Vertretenen mehr und mehr ablöst. Wer einst den Chef, später die Firma vertrat, vertritt heute den Verkaufsartikel. In der Berufsbezeichnung „Vertreter" ist der ältere, hier bedachte Wortsinn des Stellvertreters ganz abhanden gekommen. Eines der wenigen deutschen Fremdwörter, die im 20. Jahrhundert in Frankreich Aufnahme fanden, weil ein französisches Äquivalent fehlte, ist »le ersatz«, eine für die Franzosen verdächtige und durchaus deutsche Angelegenheit. Das Material zwar, das damals im Zweiten Weltkrieg Gummi, Leder oder Wolle ersetzte, heißt heute sachgemäß Kunststoff, doch hat sich das Ersatzdenken dafür neue Märkte erobert, und dem unempfindlich gewordenen Sprachgefühl entgleitet der Unterschied zwischen Stellvertretung und Ersatz mehr und mehr. Worin besteht er?

Jemand vertreten heißt: auf Zeit für ihn einstehen, während er in Urlaub oder krank ist; es ist als eine vorübergehende Zwischenlösung gedacht. Es ist begrenzt auf bestimmte Bereiche; einer vertritt einen anderen im Betrieb, im Verein, vor seinen Kindern. Dementsprechend heißt vertreten zugleich: bedingt für jemanden einstehen, hoffend, daß es ihm recht sei, wie ich entscheide, einrechnend, daß er vielleicht später ändert, was ich in seinem Sinne tat. Der Stellvertreter vergißt nicht, daß er eine Stelle nur vertritt und nicht ausfüllt. Der Anwalt vertritt meine Interessen vor Gericht, aber er ersetzt mich nicht — mein Wunsch, die Wahrheit zu sagen oder zu verschweigen, meine Kenntnisse der Sache bleiben entscheidend. Der Stellvertreter setzt sich also nicht vollständig und absolut an die Stelle des anderen; er spielt eine Rolle, und er kann sie gut spielen, aber er muß wissen, *daß* er sie spielt. Er tritt auf im Namen des anderen und gibt dies zu erkennen. Er verwaltet meine Habe, aber ich bleibe Eigentümer. Er weiß, daß ich unersetzlich bin, zunächst, weil ich aus dem Urlaub wiederkomme oder weil ich gesund werde. Aber der wahre Stellvertreter wird auch dann nicht Ersatzmann, wenn der, den er vertritt, nicht mehr wiederkommt. Der Vormund ersetzt nicht den Vater, sondern er vertritt ihn. Die Frau, die heranwachsende Kinder großzieht, denen die Mutter gestorben ist, ist nicht Ersatz für die Mutter, sondern ihre Stellvertreterin. Sie weiß, daß sie etwas Notwendiges tut und das jetzt Beste, aber nicht das Vollständige, Richtige und Wahre. Sie betäubt den Schmerz der Verwaisten um die wahre Mutter nicht, wenn sie ihn auch zu verwandeln sucht. Sie rückt das Bild der Mutter nicht aus dem Bewußtsein fort, sie ist gegen das Vergessen. Zur Stellvertretung, die vorübergehend, bedingt und unvollständig ist, gehört Erinnerungsvermögen, zum Ersatz dagegen Vergeßlichkeit. Der mich ersetzt, behandelt mich als tot.

Ersatz sieht das zu Ersetzende als nichtvorhanden, unbrauchbar oder tot an. Ersatz will Dauer, nicht Vorläufigkeit, der Ersatzmann vertritt vollständig und unbedingt, er handelt nicht im Namen des Ersetzten, sondern in seinem eigenen. Denn das Ersetzte ist tot und hat keinen Namen mehr, niemand erinnert sich seiner. Es ist tot, nicht wie ein Mensch tot ist, der lebte und starb, sondern wie ein Ding tot ist, ein für allemal in seinem So- oder Sosein fixiert. Ersatzdenken abstrahiert bei aller Konkretion der Dinglichkeit vom In-der-Zeit-Sein und macht aus dem Menschen — in der Rede vom Ersatzmann — eine Sache.

Denn vertreten wird nicht Totes, sondern jemand, der lebt, aber im Augenblick gerade nicht zur Stelle, krank, unmündig, aus welchem Grunde auch immer nicht aktiv oder unfähig ist. Stellvertretung hält die Erinnerung an dieses Lebendige wach, darum können auch Tote vertreten werden, solange man sich ihrer noch erinnert. Es gibt eine Rechtfertigung der Toten in der Wahrheit, die sie in ihrem Leben meinten und wollten, oder auch jener, um die sie gebracht oder betrogen wurden. Solch stellvertretendes und sich erinnerndes Eintreten für die versuchte und kaum gelungene Wahrheit der Toten entscheidet über die Gegenwart und die Zukunft der jetzt Lebenden — und läßt darin den Toten eine Zukunft. Stellvertretung macht möglich, daß die Ermordeten des 20. Juli und die Erfrorenen von Stalingrad eine Zukunft haben. Erinnerung ist hier Bedingung der Möglichkeit von Zukunft. Stellvertretung kann überhaupt nur im Horizont der Zeitlichkeit gedacht werden — einer Zeitlichkeit, die sich ontisch als Schwäche, Unmündigkeit, Abwesenheit oder Krankheit dar-

stellen kann. Insofern wacht Stellvertretung —
als erinnernde, als ermöglichende über dem Bewußtsein von Geschichte. Denn so dauerhaft und
vollständig Ersatz sich gibt, so ist Diskontinuität
doch charakteristisch für diese Welt des Ersetzbaren. Das Ersetzte kann jederzeit wieder ersetzt
werden, die Ablösung vollzieht sich reibungslos
und glatt. Der Zeitlichkeit aller Stellvertretung
korrespondiert zeitlos-jederzeitiger Ersatz.

Daß die sprachliche Unterscheidung von Stellvertretung und Ersatz abhanden gekommen ist, verweist demnach auf den Tatbestand einer verdinglichten Welt, innerhalb derer Sachen und Personen willkürlich ausgetauscht werden können. Der
Verlust des Horizonts der Zeit ist ein Kriterium
dieser Verdinglichung.

Richard Dehmel hat 1907 in einem Gedicht diese
verdinglichte Welt beschrieben mit der wiederkehrenden Formel dessen, was einzig fehlt und
unverzichtbar bleibt: „Nur Zeit, nur Zeit." Gemeint war da die proletarische Situation im
Spätkapitalismus, also keineswegs mehr als Verelendung. „Wir haben ein Bett, wir haben ein
Kind..." Was fehlte, war tatsächlich und höchst
gegenständlich nur Zeit. Ihr Fehlen wurde als
der ein Leben definierende Mangel beklagt. Ein
halbes Jahrhundert später ist dieses Fehlen zur
Selbstverständlichkeit geworden, die kaum mehr
bemerkt wird. Die verkürzte Arbeitszeit macht
den Mangel an Zeit unauffällig. „Zeit" fehlt auch

heute, aber in anderer Weise. Sie ist da, verfügbar, aber ohne daß das verdinglichte Bewußtsein in der Lage wäre, sie zu gebrauchen. Sie leistet ihm weder Erinnerung noch Zukunft. Ihr Fehlen, das sich im Anschein der Verfügbarkeit verbirgt, manifestiert sich nun als Austauschbarkeit. Dienstag kann gegen Donnerstag, Samstag gegen Sonntag, Job gegen Job und Mensch gegen Mensch ausgetauscht werden. Die, deren Zeit ausgetauscht werden kann, sind selber ersetzbar.
Angesichts solcher massiven Gefährdung scheint es leicht, die eingangs gestellte Frage: Wer bin ich, ersetzbar oder einmalig?, eindeutig zu beantworten: Der Mensch ist unersetzlich. Diese Behauptung gehört zu den fast selbstverständlichen Grundlagen christlich-abendländischen Denkens; sie leugnen hieße, die Menschenwürde verraten. Dieser konkrete einzelne ist mit seinen Schwächen, Vorzügen und Gewohnheiten einmalig und als Lebendiger unersetzlich. Gerade im Blick auf den Osten manifestiert sich solche Theorie vom unersetzlichen einzelnen. Ob er vertreten werden kann, wird nicht mehr gefragt, da er von vornherein als unersetzlich gilt. Denn „Ersatz" ist endgültiger Austausch von totem, dinghaftem oder verdinglichtem Sein, Stellvertretung dagegen vorläufiges Eintreten von Personen für Personen.

2. Die Dialektik der Rolle

Solche Unersetzlichkeit des einzelnen ist allerdings in der abendländischen Tradition nicht unwandelbar und gleichförmig verstanden worden. Worin gründet sie sich? Warum soll der einzelne etwas anderes sein als ein gegebenenfalls ersetzbares Ding? Was bedeutet es, daß er im neuzeitlichen Sinne des Wortes „Person" sei, deren Identität nicht als selbstverständlich vorausgesetzt werden kann? Es gibt, vereinfacht aber nicht verflacht geredet, zwei Möglichkeiten einer Begründung des Personseins: die religiöse metaphysische, die aus der Beziehung des Menschen zu Gott entwickelt wird, die den Menschen also als „Seele" in einem nicht psychologischen Sinne versteht, und die nachreligiöse, neuzeitliche aus der Leistung des Menschen, bei der Identität im sich ins Werk setzenden Handeln entsteht. Man kann sich den Bruch zwischen den Etappen des Horizontes der Metaphysik und dem der Leistung klarmachen, indem man der alten Vorstellung vom theatrum mundi, dem großen Welttheater, wie Calderon und noch Hofmannsthal es dargestellt haben, nachgeht. Gott, der Leiter des Weltspieles, verteilt die Rollen und läßt den Bettler Bettler und den König König sein, gibt den Faust in die Hände des Mephisto wie einst Hiob in die Gewalt Satans. Diese Rollenverteilung und entsprechend die Rollenhaftigkeit des menschlichen Lebens wird aber keineswegs als Degradierung des einzelnen verstanden. Im Gegenteil, das Spiel der Welt hat gerade darin seinen Glanz und seine Tiefe, daß es Spiel und Selbstoffenbarung Gottes, theatrum Dei, ist. Gerade in seinem Rollenspiel ist der einzelne unersetzlich; obwohl er statt dieser auch eine andere Rolle bekommen haben könnte, ist er nun in dieser engagiert, unablösbar. Jede Reflexion auf eine Fehlbesetzung von seiten des Spielleiters verbietet sich von selbst. Niemand kann sich hinter seine Rolle zurückziehen, niemand kann die im Welttheater vorgebundene Maske abstreifen. Das Rollenengagement erlaubt, weltlich gesehen, auf der Bühne keine Distanzierung.

Dennoch wird dem einzelnen im Rahmen dieser Vorstellung eine Distanz zur Rolle zugebilligt — aber eine, die nur bei Gott, dem Spielleiter, gilt und die bei ihm aufbewahrt und verborgen zugleich ist. Das Ich hinter der Rolle erscheint irdisch nicht — und es braucht nicht zu erscheinen; Gott, der die Rollen allein verteilt, weiß, daß zwischen Rolle und Ich zu unterscheiden ist. Innerweltlich, empirisch geht das Ich in seinen Rollen auf; im Gedächtnis Gottes aber bleibt bewahrt das intelligible Ich. Nur hinsichtlich dieses unveräußerlichen Kerns — traditionell christlich geredet: nur hinsichtlich der „Seele" — ist der einzelne unersetzlich. Gott beurteilt ihn nicht nach der Art eines unwissenden, ungebildeten Zuschauers, je nachdem, welche Rolle er spielt; weder der soziale noch auch der moralische Status der Rolle gibt den Ausschlag, denn Gott, der Spielleiter, fragt nur rollenimmanent, ob der einzelne die Möglichkeiten der Rolle ausgespielt oder vertan habe. Er fragt nur danach, wie sich die Seele im Gewande der jeweiligen Rolle hält und bewährt.

Das bedeutet für unsern Zusammenhang der Frage nach dem unersetzlichen einzelnen, daß die Unersetzlichkeit des Menschen sich nicht irdisch verrechnen läßt in der Weise einer psychologisch aufweisbaren, lebensmäßig fixierten Einmaligkeit. Ist die Identität im Himmel, so läßt sich irdische Nichtidentität in Kauf nehmen. Es entsteht eine Dialektik der Rolle, ein Widerspruch von Distanz und Engagement im Rollenspiel. Sosehr der Rollenspieler engagiert ist in sein Spiel, so bleibt ihm doch Distanz im Wissen, daß diese jetzt zugeteilte Rolle ihn nicht vollständig ausdrückt. Diese Dialektik der Rolle enthält in sich eine differenziertere Antwort auf die eingangs gestellte Frage nach dem unersetzlichen Menschen — eine Antwort, die uns noch beschäftigen wird. Als Rollenspieler im Theater Gottes bin ich jeweils beides: unersetzlich, aber vertretbar.

Die metaphysisch begründete Unersetzlichkeit der einzelnen Seele aber wird im Verlauf sich ausbreitender Säkularisierung weltlich umgesetzt in bestimmte Leistungen oder bestimmte Lebensvollzüge, in denen sich der einzelne zu einem unersetzlichen macht. Der Mensch entdeckt sich selber als wesentlich Leistenden, und dieser Horizont des Sich-Herstellens, Sich-Leistens, Sich-Ausdrückens im Werk verschlingt den früheren metaphysischen. Nun erst, im Rahmen der neuzeitlichen Entdeckung des Individuums, bekommen die geleistete Arbeit, die vollbrachte Leistung und das fertige Werk den Rang und die Würde, die in den früheren Vorstellungen der Beziehung des Spielleiters zu den Schauspielern zukam. Der Mensch gewinnt seine Identität nicht mehr aus der Relation zu Gott allein, die einst Grund genug war für die Unersetzlichkeit des einzelnen qua Seele, er leistet vielmehr sich selber, er macht sich zu einem Unersetzlichen.

Die neue, in der Arbeit vollzogene Selbstgründung kann im Symbol vom theatrum mundi keinen Anhalt mehr finden. Die Vertretung einer Rolle wird als Verdinglichung empfunden, ja der in neuer erarbeiteter Unersetzlichkeit Lebende muß das ältere Symbol als bedrohliches Schreckbild abwerten. Charakteristisch für den Übergang ist Shakespeares Jaques in „Wie es euch gefällt", der aus größter Distanz die Rollenhaftigkeit allen Geschehens beurteilt:

„Die ganze Welt ist Bühne
Und alle Frau'n und Männer bloße Spieler.
Sie treten auf und gehen wieder ab,
Sein Leben lang spielt einer manche Rollen
Durch sieben Akte hin..." (II,7)

Dem Spiel im theatrum mundi ist sein Ernst abhanden gekommen, es wird skeptisch durchschaut und kann nun ironisch reflektiert werden. Rollenspiel bedeutet nun die vollständige Ersetzbarkeit des Menschen. Was aber bei Shakespeare noch in skeptischer Reflexion zwischen Sinn und Sinnlosigkeit unentschieden bleibt, das verfällt zunehmend, wird Schicksals- und schließlich Sinnlosigkeitssymbol par excellence. Aus der skeptischen Distanz wird Verachtung gegen den Spielleiter. In dem frühromantischen Roman „Die Nachtwachen von Bonaventura" erscheint Gott als der unfähige Regisseur, der auf einer Schmierenbühne mit Provinzschauspielern sein geistloses Stück inszeniert. „Rolle" wird nun Ausdruck für gleichgültige Austauschbarkeit und wandert ab in den Untergrund von Skepsis, Langeweile und Nihilismus, der das bürgerlich-idealistische Denken von seinen Anfängen an unterströmt hat. War zuvor „Rolle" dialektisch verstanden im Gegeneinander von weltlichem Engagement und gleichzeitiger, beim Spielleiter verborgener Distanz, so wird sie nunmehr eindeutig und nur in einer Richtung interpretierbar. Der ihr innewohnende Charakter der Stellvertretung verschwindet — „Rolle" wird zum Symbol des Ersetzbaren. Nicht mehr, daß sie „verliehen" ist, sondern daß sie den Menschen als austauschbaren erweist, ist nun entscheidend.

Denn wo immer der einzelne sich einzigartig und unverwechselbar vorkommt, da wird er von der

Gesellschaft eines Besseren belehrt: der Austauschbarkeit.

„Einst im Lenze meiner jungen Jahre
Dacht auch ich, daß ich was ganz Besonderes bin.
(Nicht wie jede beliebige Häuslerstochter mit meinem Aussehen und Talent und meinem Drang nach Höherem!)"[4]

Brecht nennt das Lied, das die Erfahrung der Austauschbarkeit schildert, das von der großen Kapitulation. Der Anspruch der Einmaligkeit wird zurückgewiesen, die Trivialität des Allgemeinen triumphiert. Das vermeintlich spontane Leben des einzelnen entlarvt sich als ein kompliziert mit andern verflochtenes, im Wesentlichen vorgeformtes Rollenspiel. Dem ganz besonderen Anspruch des einzelnen steht die Gesellschaft, die für jede mögliche Position Attribute und Verhaltensweisen vorsieht, gegenüber. In der Auseinandersetzung mit dem „ganz besonderen" einzelnen erweist sich die Gesellschaft als stärker, da der einzelne sich nicht ohne Schaden ihren Ansprüchen entziehen kann, ja sie weist ihm bestimmte vorgeformte Rollen zu, ehe denn er überhaupt merkt, wie sehr er, der einmalig Unersetzbare, ihr Gefangener ist.

„Keinen Schritt können wir gehen, keinen Satz sprechen, ohne daß zwischen uns und die Welt ein Drittes träte, das uns an die Welt bindet und diese beiden so konkreten Abstraktionen vermittelt: die

---

[4] Bertolt Brecht, Stücke, Bd. VII, 134

Gesellschaft."[5] Die Gesellschaft erhebt Ansprüche an die Träger bestimmter Positionen, eben diese Ansprüche sind die sozialen Rollen[6]. Solche Rollen sind dem Spieler vorgegeben und müssen von ihm gelernt werden, damit er sie beherrsche. Sie bestehen aus einem Komplex von Verhaltensweisen, die mit andern Verhaltensweisen zu einem Ganzen zusammenspielen, also ein Teil, ein „part" (wie Rolle im Englischen und Französischen heißt) sind. Sie sind schließlich qua Rolle vom Standpunkt des Spielers keineswegs erschöpfend, er könnte immer auch noch andere Rollen spielen, und er ist nicht vollständig auf diese ihm jetzt vorgegebenen fixiert — anders als wir es im Rollenspiel des theatrum mundi bemerkten, wo die Rolle entsprechend der statischen gesellschaftlichen Ordnung der vorindustriellen Zeit einerseits fixierter, andererseits aber mit mehr Erlaubnis zu Improvisationen verbunden war. Man hatte seine Rolle im allgemeinen lebenslänglich, während die heutige Mobilität den Rollenwechsel begünstigt. Andererseits boten die damaligen Rollen, gespiegelt etwa im Drama Calderons, eine größere Breite des Spielraums für den einzelnen. Er war zwar lebenslänglich zu einer bestimmten Rolle verurteilt, aber längst nicht so festgelegt wie in den meisten Rollen, die unsere Gesellschaft bietet und diktiert.

[5] Ralf Dahrendorf, Homo sociologicus, Ein Versuch zur Geschichte, Bedeutung und Kritik der sozialen Rolle, Köln 1961, S. 10
[6] a. a. O., S. 22

Der Prozeß der Vergesellschaftung des Menschen läuft mit zunehmender Beschleunigung ab, und diese Vergesellschaftung mit Rollenzwang und Rollenfixierung ist durchaus derart, daß sie dem einzelnen jeden Glauben, daß er „was ganz Besondres" sei, nehmen könnte, wenn nicht eine diesen Glauben manipulierende allgegenwärtige Werbung dem Bewußtsein des einzelnen den Tatbestand der Austauschbarkeit erfolgreich verschleierte. Damit verwischt sich zugleich jene Dialektik der Rolle, die im älteren Gedanken des Rollenspiels aufbewahrt blieb, in dem Engagement und Distanz einander widerstreitend bestätigten. Nunmehr nehmen beide ab, und das Bild des Ersatzteilchens scheint angemessener als das der Theaterrolle.

Distanz zur eigenen Rolle bedeutete im theatrum-mundi-Verständnis nichts anderes, als daß dem Bewußtsein die Rolle ein endliches und vergängliches Spiel ist. Der Schauspieler vertritt ein bestimmtes Fach, er ist nicht identisch. Dieses Bewußtsein erhielt dem einzelnen einen Raum jenseits seiner Taten, es ermöglichte Rückzug aus allem Verrechenbaren, das der einzelne verantwortet. Noch bei Lessing findet sich der erstaunliche Ausruf „Gott, der du allein den Menschen nicht / Nach seinen Taten brauchst zu richten, die / So selten seine Taten sind, o Gott!—"[7] Aber diese in Gott gegründete Distanz von der Rolle läßt sich nicht

---

[7] Lessing, Nathan der Weise, V,4

säkularisieren, es sei denn in die pure Unverbindlichkeit jeden Handelns, den jederzeit möglichen und erlaubten Rückzug in die ästhetisch-spielerische Existenz hinein.

Aus dem älteren Engagement in einer Rolle, das für die Dauer des Lebensspiels so vollständig und so gut wie nur möglich zu leisten war, ist im neueren Status des Rollenwechsels eine kurzfristige gelegentliche Anpassung geworden. Indem die Distanz zur Rolle säkularisiert wurde, trat auch das in ihr mögliche Engagement zurück. „Rolle" wird nun mehr und mehr undialektisch verstanden, der Rollenträger wird ersetzbarer Ersatzmann, und Rollenübernahme wird ein Anpassungsvorgang bei selbstverständlich vorausgesetzter Austauschbarkeit.

3. Die idealistische These: Der unersetzliche Mensch

Die Umdeutung des Bildes der Rolle vom göttlichen Auftrag, der dem einzelnen Würde und Unersetzlichkeit zusprach, zum entleerten Symbol der Ersetzbarkeit ist freilich nicht unwidersprochen hingenommen worden. Der Begriff Rolle enthält in sich die Vorstellung von der Ersetzbarkeit des einzelnen, aber er enthält ebenso immer noch eine bestimmte Kritik an der Behauptung von der Austauschbarkeit aller gegen alle. Denn vom Standpunkt des Schauspielers aus kann keine bestimmte

Rolle erschöpfend sein; keine, mag sie ihm noch sosehr auf den Leib geschrieben sein, drückt ihn vollständig und verbindlich aus. Und sowenig sich der Schauspieler damit abfinden kann, mit einer bestimmten von ihm gespielten Rolle in eins gesetzt zu werden, sowenig will der einzelne, mag er auch weitgehend den ihn umgebenden Rollenerwartungen angepaßt sein, sich mit der Übernahme einer möglicherweise noch eng gefaßten und wenig Spielraum lassenden Rolle abfinden. Es gibt ein Verlangen nach Unersetzlichkeit, das, einmal entdeckt und ausgesprochen, nicht mehr zum Schweigen gebracht werden kann.

Dieses Verlangen speist sich aus dem eigenen noch so dürftigen Wissen von Identität, wie es uns als Erinnerung an Tage der Kindheit, als Gegenwart erfüllter Liebe, als Hoffnung auf mögliche menschliche Zustände erfahrbar ist. In all diesem werden wir an uns selber erinnert und dessen vergewissert, daß wir unersetzlich sind — trotz der Gegebenheit einer verdinglichten Welt, innerhalb derer der Tausch, der Ersatz aller gegen alle üblich ist.

Historisch gesehen hat sich dieses Bewußtsein von der Unersetzlichkeit des einzelnen zu der Zeit herausgebildet und formuliert, in der das Bild der Rolle zum bevorzugten Symbol der Sinnlosigkeit wurde, zur Zeit des deutschen Idealismus. Je rollenhafter das Ich sich erfuhr, je mehr es sich — zumal in den deutschen Verhältnissen, die dem aufsteigenden Bürgertum kaum Lebens-, Arbeits-

und selbständige Verantwortungsbereiche boten — als „Marionette, an unbekannten Drähten gezogen" (Werther) ausgeliefert und ersetzbar zugleich bemerkte, desto klarer erschien im philosophisch sich manifestierenden Selbstbewußtsein jenes Wissen von Unersetzlichkeit, das aufs engste mit der Frage nach der eigenen Identität zusammenhängt. Wir beschränken uns im Folgenden auf Hegel, zumal in dieser Sache die sonst wichtigen Differenzen der idealistischen Systeme unberücksichtigt bleiben können.

Hegel schreibt über den Sündenfall, der dem Menschen das Bewußtsein seiner Freiheit gegeben habe: hier erscheine „sein unendliches Fürsichsein, das in früheren Religionen nicht so zum Bewußtsein gekommen ist, in denen der Gegensatz nicht zu dieser Absolutheit, dieser Tiefe fortgegangen ist. Dadurch, daß dies hier geschehen, ist nun zugleich die Würde des Menschen auf einen weit höheren Standpunkt gesetzt. Das Subjekt hat hierdurch absolute Wichtigkeit, ist wesentlicher Gegenstand des Interesses Gottes, denn es ist für sich seiendes Selbstbewußtsein."[8] Worauf gründet sich diese absolute Wichtigkeit des Subjekts, und woraus speist sich das ihr zugehörige Gefühl unersetzlicher Einmaligkeit? Gottes Interesse gilt dem Subjekt, darum kann es auf die eigene Identität nicht verzichten.

---

[8] Hegel, Philosophie der Religion, ed. Glockner, Bd. 16, S. 267 f.

Hegel steht hierin in der abendländischen Tradition, die das Verlangen des Menschen nach Unersetzlichkeit metaphysisch ausgedrückt hat: der einzelne ist unersetzlich qua Seele. Was über seine unaustauschbare Unersetzlichkeit gesagt werden kann, hängt an der Seele, die in unmittelbarem Bezug auf Gott lebt. Er ist ihre Heimat, ihre „eigentliche Wohnstatt", wie Augustinus, platonischer Tradition folgend, sich ausdrückt. „Gott und die Seele erkennen, das ist mein Wunsch. — Nichts weiter? — Nein, sonst nichts."[9] In „Die Größe der Seele" definiert Augustinus die Seele geradezu als die, die für Gott „die reine Nächste"[10] ist. Sie ist Gott „ähnlich", obwohl als geschaffene streng von ihm unterschieden. Solche metaphysischen Aussagen sind der ontologische Grund, warum der einzelne auch in der Welt und vor sich selbst unersetzlich ist. In solcher Erkenntnis — Gott und die Seele, nichts weiter — ist die Unersetzlichkeit des einzelnen aufbewahrt.

Es mag mögliche Formen der Identität geben, etwa außereuropäischer Provenienz, für die der unersetzliche einzelne nicht konstitutiv ist. Die abendländische Tradition vermag dieses Gesetz, wonach sie angetreten ist, nicht zu brechen: Identität meint immer Unersetzlich- und Nicht-austauschbar-Sein. So wahr aber diese Identität nicht

---

[9] Monologe I,2,7
[10] De quantitate animae, XXXIII, 70

vorgegeben, sondern nur aufgegeben — und das heißt immer zugleich verloren — ist, so dringlich bedarf sie, um sich wiederzufinden oder zu gewinnen, eines anderen außer ihr selbst. Das bedeutet, daß sie nicht als in sich ruhende Substanz möglich ist, die nach Analogie der Natur gedacht werden könnte, sondern nur als eine bestimmte — geleistete oder verweigerte — Relation, die die Identität des Ich in der Welt gründet. Identität ereignet sich nur in Beziehung zu anderen oder zur „Idee", und die Unersetzlichkeit des Menschen beruht nicht auf dem Reichtum, der Tiefe und der Gottähnlichkeit seiner Seele, sondern auf dem „Interesse Gottes" an ihm. Anders gesagt: Identität ist jeweils ein Vollzug, und nicht nur meine Setzung oder Meinung. Die Gottähnlichkeit der Seele konnte zwar auch als eine naturhaft substantielle Interpretation für die Nichtaustauschbarkeit benutzt werden, wie es nach Augustinus geschehen ist. Aber ontologischer Grund ist nicht die Substanz der „Seele": Im Anfang war vielmehr die Relation! Unersetzlichkeit setzt ein In-Beziehung-Stehen voraus. Der Mensch kann nicht autark gedacht werden. Identität wird nicht selbständig verwirklicht, als sei sie dem Individuum als solchem verfügbar oder erreichbar. Niemand kann sich selbst zu einem Unersetzlichen machen. Die Gefahr jedoch des substantiellen Mißverständnisses (das Unersetzlichkeit als Substanz versteht, sie so entgeschichtlicht und aus der personalen Relation löst) ist gerade für jene gegeben, die sich der schon zu Beginn des bürgerlich-idealistischen Zeitalters erkannten und drohenden Austauschbarkeit entgegengestellt haben.

Hegel bedeutet auch in dieser Sache einen Kulminationspunkt, an dem die Höhe der Reflexion mit äußerster Gefährdung erkauft wird: der theologischen Tradition verhaftet, nimmt er das „Interesse Gottes" für den „unendlichen Wert des Subjekts" in Anspruch; als Vater neuzeitlicher Sozialphilosophie weiß er aber zugleich, daß das Individuum auf Anerkennung aus ist, daß es sich seine eigene Unersetzlichkeit bestätigen lassen muß; und dies ist nur möglich in der Hingabe an Sachen, also in der Arbeit. So bleibt Unersetzlichkeit als Relationsbegriff bei ihm doppeldeutig auf Gott und die Gesellschaft bezogen: als unendlicher Wert, als absolute Wichtigkeit ist es nur Gott, der dem Subjekt dieses sein unersetzliches Sein garantiert; als weltliches Dasein aber, das sich in Arbeit entäußert und wiedergewinnt, ist es das autonome Fürsichsein selber, das sich leistet. Substanz und Relation verschmelzen in dem, was bei Hegel „der Geist" ist, und der unendliche Wert ist vorgegeben und aufgegeben zugleich. So manifestiert sich in eigentümlicher Ambivalenz das „Interesse Gottes" in der Entäußerung der Arbeit, und das Fürsichsein bleibt doppeldeutig beides: Leistung und Gnade.

Die Polemik der dialektischen Theologie gegen den deutschen Idealismus trifft schlechterdings daneben. Es ist nicht wahr, daß hier die Eigenmächtigkeit des Menschen gefeiert und verherrlicht würde. Wahr ist vielmehr, daß Hegel die Arbeit des Menschen theologisch reflektiert hat. Und es ist kein Zufall, daß beide Grundgedanken, die für Hegel die Unersetzlichkeit des Menschen konstituieren, an der Geschichte vom Sündenfall illustriert werden: das „Interesse Gottes", das, um lieben zu können, „das Unterscheiden und das Aufheben des Unterschiedes" braucht, und die Arbeit des Menschen, der sich entäußert und der sich „zu dem machen muß, was er ist"[11]. Beides, das unterschiedene Bezogensein des Menschen auf Gott und die Leistung des Menschen, muß in dialektischer Einheit gesehen werden. Bei Hegel wird Identität nur in der Entäußerung, in der Arbeit ermöglicht, nur in der Negation ihrer selber kommt Identität zu sich: Einssein im Unterschiedensein, Identität in der Nichtidentität.

Man könnte sagen, daß Arbeit, als der wesentliche Zug der Entäußerung des Geistes, zugleich eben jenes Interesse ist, das Gott dem Menschen zuwendet: als Arbeitender und Fürsichseiender, aus dem Paradies der reinen Identität Vertriebener, von Gott nunmehr endgültig Unterschiedener, ist er für Gott „interessant", in der Entfremdung kommt ihm „absolute Wichtigkeit" zu. Dieser absoluten Wichtigkeit bedarf es nicht, solange der

---

[11] Hegel, Philosophie der Religion, ed. Glockner, Bd. 16, 267

Mensch im Paradies ist. Denn sie ist kein Stück seiner natürlichen Anlage, sondern sie macht als der von Gott anerkannte und aufgehobene Unterschied seine Geschichte aus. „Das Unterscheiden und das Aufheben des Unterschieds" ist nach Hegel „die Liebe", die alle Identität ermöglicht und begründet. „Wenn man sagt: ,Gott ist die Liebe', so ist das sehr groß und wahrhaft gesagt. Aber es wäre sinnlos, dies nur so einfach als einfache Bestimmung aufzufassen, ohne es zu analysieren, was die Liebe ist. Liebe ist ein Unterscheiden zweier, die doch füreinander schlechthin nicht unterschieden sind. Das Bewußtsein, Gefühl dieser Identität, dieses außer mir und in dem Anderen zu sein, ist die Liebe: ich habe mein Selbstbewußtsein nicht in mir, sondern im Andern, aber dies Andere, in dem nur ich befriedigt bin, meinen Frieden mit mir habe, — und ich bin nur, indem ich Frieden mit mir habe; habe ich den nicht, so bin ich der Widerspruch, der auseinanderfällt, — dies Andere, indem es ebenso außer sich ist, hat sein Selbstbewußtsein nur in mir, und beide sind nur dies Bewußtsein ihres Außersichseins und ihrer Identität, dies Anschauen, dies Fühlen, dies Wissen der Einheit. Das ist die Liebe, und es ist ein leeres Reden, das Reden von der Liebe, ohne zu wissen, daß sie das Unterscheiden und das Aufheben des Unterschiedes ist."[12]

---

[12] Hegel, Philosophie der Religion, ed. Lasson, Bd. XIV, S. 75

Bald nach Hegel sind der theologische und der sozialphilosophische Aspekt der Sache auseinandergefallen. Der unersetzliche Mensch und seine Identität bleiben zwar bis in die Gegenwart hin thematisch, aber sie werden nun sehr verschieden begründet.

Das sei für die Theologie an einem späteren Nachfahren des Idealismus, an Adolf von Harnack, illustriert. Auch hier ist davon die Rede, daß der Mensch unersetzlich sei. Aber der „unendliche Wert der Menschenseele", von Jesus als der Inhalt des Evangeliums verkündigt, wird von Harnack nicht streng innerhalb der Relation zu Gott verstanden, sondern *vor* ihr als Gegebenes gesetzt und somit substantiell aufgefaßt. „Gott als der Vater, und die menschliche Seele so geadelt, daß sie sich mit ihm zusammenzuschließen vermag und zusammenschließt"[13] — das sind die ruhenden Elemente der Verkündigung Jesu. „Aber erst durch Jesus Christus ist der Wert jeder einzelnen Menschenseele in die Erscheinung getreten, und das kann niemand mehr ungeschehen machen."[14] „Menschenleben, wir selbst sind einer dem andern teurer geworden."[15] Subjekt in dieser Beziehung zwischen Gott und der Seele ist hier die „Seele",

---

[13] A. v. Harnack, Das Wesen des Christentums, 1900, Neuaufl. 1950, S. 38 ff.

[14] S. 41

[15] S. 42

die das Vermögen hat, sich „mit ihm zusammenzuschließen". Grund für ihren unendlichen Wert ist ihr „Adel" — ein inhaltlich substantieller Begriff auch dann noch, wenn dieser Adel einmal verliehen worden ist. Die Unersetzlichkeit wird hier naturhaft verstanden, der Adel ist vorgegeben, ohne eine sich entäußernde Bewährung noch nötig zu haben. Er bleibt in Harnacks Darstellung gänzlich unberührt von der Frage, wie denn ein Mensch in bestimmter historisch-sozial definierter Umgebung Identität erlangen könne. Daher wird, mit Hegel gesprochen, die Identität hier ohne Unterscheiden, ohne Arbeit, ohne Nicht-Identität gedacht, und es ist in der Tat ein „leeres Reden", wenn Harnack sagt: „Jesus Christus ruft jeder armen Seele (im Gegensatz zu Platon, der nur den unendlichen Wert des erkennenden Geistes pries), er ruft allen, die Menschenantlitz tragen, zu: Ihr seid Kinder des lebendigen Gottes, und nicht nur besser als viele Sperlinge, sondern wertvoller als die ganze Welt."[16] Identität ist hier weder Leistung noch widerfahrendes Ereignis, noch die Hegelsche dialektische Einheit beider, sondern sie ist pure gnadenhafte Gegebenheit. Dabei gerät Harnack aber, ohne es zu wollen, in eine Interpretation des unendlichen Wertes hinein, die vom Interesse Gottes am Menschen mehr und mehr wegführt: der Wert der Seele kann nun, trotz vorhan-

---

[16] a. a. O., S. 41

dener entgegengesetzter Intentionen, verstanden werden als ihre Tiefe, ihre Eigenschaften und ihre Möglichkeiten — kurz, als Innerlichkeit. Im Verzicht auf das Außen wird aus der absoluten Wichtigkeit des Subjekts nunmehr der Wert der „Seele" im modernen psychologischen Sinn — die bekannte Fehlübersetzung und -deutung des Bibelwortes „Was hülfe es dem Menschen, wenn er die ganze Welt gewönne und nähme doch Schaden an seiner Seele" (statt neutestamentlich: an seinem „Leben") ist eine Probe aufs Exempel.

Von größerer Relevanz freilich als dieses theologisch-innengeleitete Verständnis vom unersetzlichen Menschen ist jenes andere, das, sich an der gesellschafts-philosophischen Seite des Hegelschen Denkens orientierend, nun Unersetzlichkeit in der Leistung begründet. In bestimmten Anforderungen, Situationen oder auch Schicksalen erfährt sich der Mensch als unersetzlich. Hier — sei es im Kampf, in der hervorragenden Einzelleistung oder in unwiederholbaren Einzelschicksalen — gewinnt der einzelne Identität, weil er nicht ausgetauscht werden kann. Die Identität wird geleistet, und der unersetzliche Mensch ist autark. Schiller läßt die Soldaten in „Wallensteins Lager" ihr Leben preisen mit den Worten: „Da tritt kein anderer für ihn ein, auf sich selber steht er da ganz allein." Solch soldatisches Pathos lebt geradezu von dem Gedanken des unersetzlichen, unvertretbaren Menschen. Die entscheidenden Stunden im

Leben, so tönt es da männlich-heroisch, sind die, wo du unersetzlich bist, wo dich niemand mehr vertreten kann. Stellvertretung erscheint in solchem Denken nur sinnvoll für die Zukurzgekommenen. Dieser Gedanke ist freilich nicht dem bürgerlich-idealistischen Denken entsprungen — jede Form heldischen Denkens, von der germanischen Saga an bis zu Ernst Jünger, insistiert auf solcher Unvertretbarkeit und setzt den Menschen autark: auf sich selber steht er da ganz allein. Unersetzlichkeit wird dabei selbstverständlich mit Unvertretbarkeit identifiziert, und genau dies gilt auch für die Art von Unersetzlichkeit, die sich weniger in heldischer Bewährung als in der Arbeit, jenem identitätsstiftenden, schöpferischen „Selbsterzeugungsakt des Menschen" durch den Menschen[17], manifestiert. Wer garantiert dem einzelnen noch, daß er unersetzlich sei?

Wofür einst Gott einstand, das brauchte sich nicht welthaft auszuweisen; es genügte, für Gott unersetzlich zu sein, in allen anderen Beziehungen konnte eine bestimmte soziale Rolle ohne Einmaligkeitsanspruch gespielt werden, ohne daß sich die Person dabei als austauschbar entwertet fühlte. Man kann die neuere Geistesgeschichte unter der Frage aufgliedern, welche anderen neuen Garantien für die Unersetzlichkeit jeweils ausfindig gemacht wurden — Liebe, Vaterland, Kunst, Arbeit,

---

[17] Marx, Jugendschriften, hrsg. v. S. Landshut (1953), S. 281

um nur grob zu skizzieren. Sie alle dienten dazu, jene These zu befestigen, die, aus christlichem Erbe übernommen, weltlicher Bewährung bedurfte: die These, daß der Mensch unersetzlich sei.

4. Die Antithese: Alles ist austauschbar

Die Welt aber, in der wir leben — und dieses „in" ist nicht das der Tasse, die zufällig im Schrank steht, aber auch woanders sein könnte —, straft das feierliche Reden vom unersetzlichen einzelnen Lügen. Eher drängt sie ein Grundgefühl auf, das da sagt: alles ist auswechselbar. Bei der Suche nach Arbeit gibt es stets genügend andere mit den gleichen Qualifikationen. Menschliche Situationen, die uns unverwechselbar und einmalig erscheinen wollen, können von jedem Psychologen auf ihren Modellcharakter zurückgeführt und mit den standardisierten möglichen Lösungen konfrontiert werden. Aber nicht nur von solchem sozialpsychologischen Aspekt aus läßt sich die These vom unersetzlichen einzelnen kritisieren. Mindestens ebenso angreifbar wird sie, wenn man die Art unserer Produktion, also die materielle Basis unseres Lebens, ins Auge faßt. Jeder heute hergestellte und von uns benutzte Gegenstand existiert unzählige Male in genau der gleichen sinnlichen Qualität. Die maschinelle Serienproduktion macht alle Dinge auswechselbar. Der Reiz des Zufälligen oder Fehlerhaften, der bei jedem von Hand gemachten Ding mitschwingt, entfällt ebenso wie die möglich gewesene Geschichte der Dinge, die uninteressant wird, wenn jedes wiederbeschafft werden kann. Kein Verlust ist mehr unersetzlich: Goethes Geburtshaus in Frankfurt wurde wieder aufgebaut, wie es war — und als sei nichts gewesen. Selbst die zerstörte Vergangenheit kann wiederbeschafft werden, wenn die technischen Bedingungen der Reproduzierbarkeit jedes Gegenstandes gegeben sind. Die aus solcher Serienproduktion entstandene Art des Vertriebs, der Verbreitung und Verteilung der Dinge tut noch ein übriges, ihnen ihre individuelle Qualität und gegenständliche, historisch-geographisch bedingte Einmaligkeit zu nehmen: sie sind ihrer „aura" beraubt, wie Walter Benjamin sagt, sie werden als Ware angesehen, als käuflich-verkäufliche Kapitalanlage, als Statusabzeichen innerhalb bestimmter sozialer Konstellationen. Auf gegenständliche, sinnlich wahrgenommene Dinghaftigkeit kann dabei keine Rücksicht genommen werden.

Diese aus Verkaufsgegenständen und Serienartikeln gewordene, in jedem Detail ersetzbare Welt suggeriert auch dem einzelnen die Vorstellung, er sei ein ersetzbares Maschinenteilchen. Ein gut Teil heutiger Sinnlosigkeitserfahrung hängt mit dieser Auswechselbarkeit zusammen. Dabei ist nicht das Teil-Sein oder das Eine-Rolle-Spielen in einem größeren Zusammenhang das Beunruhigende.

Denn auch Teile können unersetzbar sein, wie es in der vom deutschen Idealismus wiederbelebten und neuentwickelten Vorstellung vom Organismus (Herder, Goethe, Humboldt) der Fall ist. Hier ist jeder Teil für das Ganze notwendig, und obwohl er in seinen Funktionen genau definiert ist, können doch bestimmte Teile zeitweilig die Funktionen anderer mitübernehmen; jeder Teil ist nur in einem allmählichen Wachstumsprozeß ablösbar, niemals aber mechanistisch ersetzbar.
Eine solche Vorstellung vom Organismus und seinem Verhältnis von Teil und Ganzem erscheint heute völlig undenkbar. Mit fortschreitender Arbeitsteilung wird der Sinn der Arbeit für den einzelnen mehr und mehr uneinsichtig. Die Beziehung des einzelnen auf diese seine Arbeit, die „Berufung" zu diesem seinem „Beruf", ist gelockert, ja sie kann wegfallen. So wie es für den Produktionsprozeß gleichgültig ist, wer — qua Individuum, nicht qua quantifizierbarer Leistung — hier oder dort am Schalthebel sitzt, so ist es auch für den einzelnen gleichgültig, wo er arbeitet — wiederum: qua Arbeit, nicht qua Betriebsklima und anderen Faktoren. Die Art der Arbeit wird nach arbeitsfremden Gesichtspunkten gewählt. Es ist nicht entscheidend, ob *ich* dies oder das tue. Meinen Arbeitsplatz kann genauso gut auch ein anderer ausfüllen. Wer kündigt oder stirbt, wird unmittelbar ersetzt, auch der sogenannte unersetzliche Mitarbeiter. Wenn in der Wissenschaft das

Team den Einzelforscher, in der Politik die Führungsgruppe oder der brain trust den einsam-charismatisch Regierenden ablöst, so ist damit ein weiterer Schritt auf die Ersetzbarkeit als Grundprinzip arbeitsteiliger Praxis hin getan. Der individualistischen Meinung vom unersetzlichen einzelnen tritt diese Praxis wirksam entgegen, und sie bezeugt durch ihr bloßes Fortbestehen, daß jeder ersetzt werden kann. Während also die Ideologen an der Unersetzlichkeit festhalten, hat sich die Basis so verändert, daß derlei Redensarten bei Schulentlassungsfeiern und Begräbnissen nur noch verlogen wirken können.

Dies spürend, klammert sich der ersetzbar Gewordene gern an seine vermeintliche Unersetzlichkeit und versucht, einmalig zu sein. Er entwickelt einen vermeintlich eigenen Stil, gibt seiner Einrichtung oder seinem Aussehen die individuelle Note, pflegt seine persönlichen Hobbys — meist, ohne zu merken, daß auch diese Einmaligkeitssymbole längst kommerziell geplant, hervorgerufen und ausgewertet sind. Auch das Privateste ist kein Refugium mehr für das Bedürfnis, einmalig zu sein und sich zu unterscheiden, auch im absonderlichen Hobby erfüllt der Beschäftigte, der seine Einzigartigkeit pflegen möchte, nur die Erwartungen der Freizeitindustrie. Der Ersetzbare, der sich überall einzigartig wähnt, macht sich gern in seinem Bereich so unentbehrlich, daß nicht nur Ersatz, sondern auch jede Form von Vertretung unmöglich erscheint. Der Chefmanager mit seiner Redensart: „Ich kann mir keinen Urlaub leisten, ohne mich geht es nicht", glaubt sich nicht nur unersetzlich, sondern auch schlechthin unvertretbar. Vertreten fühlt er sich schon tot. Stellvertretung wird, wie die eingangs beobachtete Sprachverschiebung zeigte, immer unbekannter. So bleibt Ersatz als einzige Denkkategorie. Der Manager bemerkt richtig, daß Ersatz das Ersetzte als nichtvorhanden, unbrauchbar oder tot ansieht. Aus Angst davor, nicht vorhanden, unbrauchbar oder tot zu sein, macht er sich immer und allgegenwärtig, vollkommen und sozusagen schlaflos lebendig.

Wo die Annahme möglicher Stellvertretung fehlt, da gibt es nur zwei Möglichkeiten: Tod oder Leben, Ersetztwerden oder Unersetzlichsein. Zwischen diesem Tod und arbeitswütiger Gesundheit — zwischen ersetzt und unersetzlich, zwischen perfektem Ende und perfektem Dasein — gibt es hier kein Drittes, keine Vermittlung. Man denkt alternativ, perfektionistisch und darum unlebendig. Denn eben Leben kommt so schlaflos und perfekt nicht vor, es gehört vielmehr gerade dazu, mal nicht da, mal müde, unfähig, unmündig oder krank zu sein. Solche imperfekten Verhältnisse jedoch sind unannehmbar für eine völlig verdinglichte Welt. Der „unersetzliche Mitarbeiter" ist das ideologische Korrelat zu einer Welt, in der tatsächlich alles ersetzbar ist. Was sich bei Beerdigungen noch dekorativ macht, erweist sich am lebenden Objekt als belastender Druck, als ein zwar willig übernommenes, gleichwohl aber tödliches Gesetz. So bedarf also die These vom unersetzlichen einzelnen der Korrektur. Wo sie von aller Basis der technischen, wirtschaftlichen und sozialpolitischen Bedingungen abgelöst wird, gerät sie unter Ideologieverdacht. Die uns umgebende und uns formende Welt drückt schon in ihrem bloßen Bestehen die Antithese aus, daß jeder ersetzt werden könne. Diese veränderte Basis aber könnte darauf aufmerksam machen, daß der Grund für die Unersetzlichkeit des Menschen, wenn man denn an ihr festzuhalten gewillt ist, nicht in seiner Leistung gesehen werden kann.

5. *Die Synthese:*
Der Mensch ist unersetzlich, aber vertretbar

Aber was nötigt uns dazu, an der bürgerlich-idealistischen These vom unersetzlichen einzelnen festzuhalten, da doch alle unsere Erfahrungen ihr widersprechen? Es ist der Wunsch nach Identität, den sich das Bewußtsein im Lichte bestimmter geschichtlicher Erfahrungen ihrer erlebten Möglichkeit nicht mehr ausreden läßt. Auch eine noch so fundamentale Veränderung der Basis hat nicht die Kraft, bestimmte entwickelte Stufen des Bewußtseins einfach einzustampfen, als seien sie nie gewesen. „Der unendliche Wert der Menschenseele", den Harnack am Ende des bürgerlichen Jahrhunderts als die Entdeckung des Evangeliums pries, wird zwar zur leeren Ideologie, sobald man ihn unabhängig von der gesellschaftlich-politischen Wirklichkeit und folglich blind für alle Basis ansieht. Solcher Mißbrauch entscheidet aber nicht über die Wahrheit oder Unwahrheit der Sache. Das durch bestimmte Entdeckungen veränderte und geprägte Bewußtsein läßt sich nicht irremachen. „Kein Gedanke in einer menschlichen Seele war verloren", ist er erst einmal Sprache geworden[18]. Auch der Gedanke der Unersetzlichkeit kann nicht zurückgenommen werden. Er kann wohl andersartige Begründungen erfahren, er kann — in der hilflosesten Weise vom oben charakterisierten Manager, der sich keinen Urlaub leisten kann — pervertiert werden; zerstört werden aber kann er nicht mehr. Hegel hatte die Würde der Menschen und die absolute Wichtigkeit des Subjekts begründet auf der Unterscheidung, in der sich das getrennte Individuum vorfindet. Getrennt, unterschieden ist es einmal von Gott, dessen Interesse unendlich wachgerufen wird durch den Unterschied, getrennt ist es ebenso vom anderen, von der Gesellschaft, um deren Anerkennung es mittels der Unterschiede setzenden Arbeit kämpft. Iden-

---

[18] J. G. Herder, Über den Ursprung der menschlichen Sprache, 1170, 2. Teil, 4. Naturgesetz

tität gewinnt der Mensch in eigentümlicher Doppeldeutigkeit — aus Gottes Interesse und aus der Anerkennung der Gesellschaft. Es fragt sich, ob diese Doppeldeutigkeit einseitig aufgelöst werden kann.

Läßt sich das Bewußtsein vom „unendlichen Wert des Subjekts" auch nachmetaphysisch aufrechterhalten? Kann der Mensch solche „absolute Wichtigkeit" auch unabhängig vom nicht mehr erfahrenen Interesse Gottes an ihm, auch nachtheistisch, denken, erfahren — und für den anderen bewahren? Was bedeuten denn Wörter wie „absolut", „unendlich", unersetzlich, wenn Gott tot ist? Worauf gründet sich ein „realer Humanismus", wie Marx ihn wollte, wenn es nichts Unbedingtes mehr gibt, das tatsächlich für den unendlichen, nicht verrechenbaren Wert des Subjekts einsteht? Kann, wie Feuerbach gedacht hat, die Menschheit diese Rolle Gottes übernehmen? Wird gerade dabei nicht die absolute Wichtigkeit des einzelnen verrechnet, und das heißt austauschbar gemacht? Hängt „die Seele" an Gott, so daß der Tod Gottes notwendig das Ende der Seele bedeutet? Wir können diese Fragen hier nur stellen, um auf die Ungeheuerlichkeit aufmerksam zu machen, die die Benutzung der Vokabel „Gott" heute darstellt. Denn was heißt es, daß Gott tot sei, wenn und solange noch etwas da ist, das uns unbedingt angeht? Ist der Atheismus nicht nur eine andere Redeweise als der Theismus? Hängt nicht alles an der Anthropologie, nämlich an der Frage nach dem unersetzlichen Menschen, der auf der Suche nach seiner Identität ist und niemals von dieser Suche freigesprochen werden kann? Denn mit demselben Recht, mit dem wir „Gott" als den ansehen, der mit seinem „Interesse" für den unendlichen Wert des Subjekts einsteht, können wir auch sagen, daß dieser unendliche Wert im Bewußtsein des einzelnen als ein Anspruch erscheint, der sich nicht ausrotten läßt. Er gehört zum Verlangen des Menschen, mit sich selber identisch zu werden.

Erfahren wird nicht die Identität, sondern die Differenz zwischen dem möglichen unerreichbaren Leben, das als Anspruch oder Wunsch oder Hoffnung gegenwärtig ist, und der erfahrenen Unmöglichkeit, dieses gemeinte Leben zu leben, die Differenz also zwischen Identität und Nicht-Identität. Wie immer man aber mit dieser Erfahrung fertig wird — Identität erweist sich als Angewiesensein. Niemand kann sich selber zu einem Unersetzlichen machen. Der übergangene Dativ — *wem* bin ich denn unersetzlich? — rächt sich am Subjekt. Wer diese Frage nicht stellt, der verfehlt das Geheimnis des unersetzlichen Menschen, das, wie sich noch zeigen wird, nicht abgelöst werden kann von der Möglichkeit der Stellvertretung.

Denn unersetzlich bin ich nie und nimmer denen, für die ich etwas leiste. Kriterium jeder Leistung ist ein Verschwinden der Person in das Geleistete hinein. In der Arbeit erfährt der Mensch eine Veräußerung, die ihn selber als einmalige Person, als reine Unmittelbarkeit „aufhebt" — im Sinne von zerstört. Seine unmittelbare Begierde wird in der Arbeit „gehemmt", das Verschwinden des Gegenstandes, den die Begierde aufzehren wollte, ist in der Arbeit „aufgehalten"[19]. Hier soll nicht darauf reflektiert werden, in welcher Weise sich denn der so seiner selbst Entäußerte im Werk zurückerhält, in welcher Form der Mensch sich mittels seiner Arbeit selbst erzeugt. Für unseren Zusammenhang genügt die Beobachtung, daß der, der sich arbeitend in eine Sache hinein entäußert und entfremdet hat, in seinem Sein für andere auswechselbar ist. Es ist für den Herrn gleichgültig, welcher Knecht seinen Acker bebaut. Seine Arbeit interessiert, nicht seine Person. Seine Gaben sind wichtig, nicht er, der Gebende. In diesem Sinne ist jeder Leistende potentiell ersetzbar. Die Versachlichung, die der Mensch sich in der Arbeit antut — der große Abschied von aller Unmittelbarkeit, wie ihn Hegels Philosophie feiert, die Vermittlung ins Ding, die Entfremdung des Menschen durch Arbeit — das sind Strukturen, die den einzelnen als ein ersetzbares Teilchen im Gesamtprozeß erscheinen lassen.

Unersetzlich bin ich niemals denen, für die ich nur etwas leiste. Zwar gibt es eine Unersetzlichkeit, die sich im gelebten Leben und seinen besonderen

---

[19] Hegel, Phänomenologie, ed. Hoffmeister, S. 149

einmaligen Konstellationen hergestellt hat und die sich in bestimmter geschichtlicher Situation, in der nur dieser Mensch unaustauschbar handeln oder veranlassen kann, bewährt. Solche Unersetzlichkeit — etwa einer historischen Gestalt — ist aber nicht ausschließlich in der abstrakten Leistung begründet, sondern sie enthält zugleich ein in der Situation aufleuchtendes Mehr an Wirklichkeit und Erfahrung. Es ist charakteristisch, daß diese Art von Unersetzlichkeit unter dem modernen Horizont der Leistung immer seltener wird und dahinschwindet; sie gründet in einem Verhältnis zur Geschichte, das bald gänzlich anachronistisch sein wird innerhalb der leistungsorientierten Geschichtslosigkeit, die die industrialisierte Gesellschaft kennzeichnet.

Wo immer der Leistungshorizont der einzig mögliche ist, da ist auch Ersatz im Spiel. Der unersetzliche Mensch muß anders begründet werden. Unersetzlich bin ich einzig denen, die mich lieben. Denn nur für sie bleibt über das jeweils von mir Geleistete hinaus ein Rest da, der sich nicht ins Tun hinein veräußert. Es ist jener Überschuß der Person über alles Geleistete hinaus, der Beziehungen zwischen Menschen überhaupt lebendig macht. Lieben heißt in diesem Sinne: auf den Überschuß, auf das noch nicht Entäußerte, noch nicht zum Vorschein Gekommene setzen. Der unsichtbare und nicht entäußerte Überschuß erinnert daran, daß ich noch nicht zu meiner Vollständigkeit gelangt bin. Identität bleibt aufbewahrt in der Erfahrung der Differenz, also des Bewußtseins der Nicht-Identität. Dieses Bewußtsein weiß aber, daß es sich nicht selber aufheben kann. Ich werde nicht aus mir zu einem Unersetzlichen, sondern nur indem ich angewiesen bleibe auf andere.

Unersetzlich bin ich denen, die Hoffnung auf mich setzen. Sie lassen mir das, was allen Austauschbaren verweigert wird: Zeit. Sie nehmen meine Zeit aus der gleichgültigen Austauschbarkeit heraus, in der nichts Neues unter der Sonne geschieht und jeder Tag und jede Stunde gegen eine andere, ebenso geschichtslose, gegeben werden kann. Die mir nun gewährte Zeit enthält die Möglichkeit der Erinnerung und die der Zukunft in sich.

Dabei ist vorausgesetzt, daß der Mensch ein Wesen ist, das Stellvertretung braucht. Solche Angewiesenheit kann weder als ein Rückfall in Unmündigkeit beiseitegeschoben werden, noch auch läßt sie sich als ein nicht-aufgeklärtes, mythologisches Relikt fassen. Der Auffassung des Menschen, als sei er ein autarker Held, der niemanden brauche, der auf sich selber stehe, unersetzlich und unvertretbar sei, dessen Angelegenheiten niemanden etwas angingen, steht gegenüber die andere, als könne der Mensch — heute — nicht für sich einstehen, als erfahre er sich nicht bei sich selber, in Unmündigkeit, Unfähigkeit oder Schwäche lebend. In der heroischen Welt wäre ein solches Nicht-auf-sich-selber-stehen-Können ein Grund zur Verzweiflung. Der Held, der nicht kämpfen kann, aus was für Gründen auch immer, geht zugrunde. Zwischen Sieg und Untergang ist kein Drittes denkbar.

Anders verhält es sich mit dem hier zur Illustration herangezogenen Helden im Märchen. Vor unlösbare Aufgaben gestellt, an denen jeweils sein Leben hängt, braucht er doch nicht tragisch unterzugehen, weil das Märchen eben die Grundkategorie kennt, die der Saga, auch der vom Manager, fremd ist: Stellvertretung. Ein anderer, oft ist es ein Tier, oft auch ein verwunschener Mensch, tritt handelnd an die Stelle des Märchenhelden, der selber nichts tun kann und der in vielen Fällen durch eigenes Verschulden in die Lage gekommen ist, aus der er sich nun nicht mehr befreien kann. Erschöpft und verzweifelt, von der Hoffnungslosigkeit seiner Lage überzeugt, schläft er ein. Dieses Schlafen zur Zeit der akuten Lebensgefahr — in der letzten Minute, bevor er sterben muß, weil er die Perle im Meer nicht finden konnte — drückt die Wehrlosigkeit dessen aus, der sich durch Überforderung in einen Zustand der Unmündigkeit zurückversetzt erfährt. Er schläft, während ein anderer für ihn um sein Leben läuft oder baut oder sucht. Gerade in diesem Augenblick sammeln die Ameisen die verstreuten Hirsekörner, gerade jetzt baut der Fuchs anstelle des schlafenden Helden den verlangten Palast. Stellvertretung geschieht hier exakt in dem zu Anfang beschriebenen Sinn: der Stellvertreter handelt für den anderen und erledigt seine Angelegenheiten im Namen des Vertretenen. Er vertritt ihn *unvollständig*, nämlich nur in dieser besonderen Situation. Er vertritt ihn *bedingt*, was märchenhaft darin seinen Ausdruck findet, daß der Held nun nicht ein für allemal gerettet ist, sondern noch weitere Gelegenheiten bekommt, Dummheiten zu machen und sich in unmögliche Lagen zu bringen. Insofern ist die märchenhafte Stellvertretung niemals Ersatz, mittels dessen der Vertretene als tot hingestellt würde, sondern immer offenhaltendes Tun um des anderen willen. Indem der Fuchs den schlafenden Dummling vertritt, hält er ihm seine Stelle offen. „Stelle" bedeutet hier so viel wie Leben —, und es käme dem Vertreter nie in den Sinn, den erworbenen Lohn, etwa die gewonnene Königstochter, nun für sich in Anspruch zu nehmen, weil er wirklich „im Namen" des anderen und nicht in seinem eigenen handelt.

Dabei entfällt vollständig jene Gefahr, die unser in Konkurrenz geschultes Denken zuallererst wahrnimmt: die Gefahr des Mißbrauchs der übertragenen Macht. Aus jeder Stellvertretung kann Ersatz werden, der die Stelle des anderen nicht mehr frei hält, sondern sie für sich beschlagnahmt. Es liegt außerordentlich nahe, einen vertretenen Kollegen zu übertrumpfen, das heißt ihn als weniger brauchbar, als unfähig oder tot hinzustellen. Aus jedem stellvertretenden Tun-auf-Zeit kann ein vollständiges, ersetzendes Tun werden, das seine eigene Vorläufigkeit vergißt. Daher wird auch fast immer der Wunsch danach, vertreten zu werden, begleitet von der Angst, ersetzt zu werden. Denn Stellvertretung läßt sich in ihren Funktionen meist nicht klar abgrenzen, es sei denn, man beschränkte sich auf den juristischen Sinn des Wortes, wo allerdings die Beschränkung der Vertretung auf bestimmte Rechtshandlungen — etwa Erklärungen — konstitutiv ist. In jedem anderen, allgemeineren Sinn von Stellvertretung steckt ein Unsicherheitsfaktor, weil sich nicht vorweg ausmachen läßt, wie weit die Vertretungsbefugnisse reichen. Das Risiko, das zu jeder personalen Beziehung gehört, tritt bei der Stellvertretung besonders deutlich zutage. Jeder, der vertreten wird, geht das Risiko ein, ersetzt zu werden. Die Scheu vieler Menschen vor diesem Risiko verführt zu dem perfektionistischen Denken, in dessen Horizont es nur Totsein oder Gesundsein, Ersetztsein oder Unersetztsein gibt.

Es ist daher für dieses perfektionistische Denken charakteristisch, daß es unvermittelt zwischen der euphorisch proklamierten Ideologie „Ein Mensch ist unersetzlich" und der desillusionierend erlebten Basis „Jeder ist ersetzbar" hin und her schwankt. Ideal und Wirklichkeit werden nicht mehr aufeinander bezogen, sie stehen hilflos als unfruchtbare Gegensätze einander gegenüber. Jähe Umbrüche charakterisieren diese Bewußtseinsspaltung.

Aus der Erfahrung der totalen Austauschbarkeit aller gegen alle geht das Bewußtsein, das sich mit diesem Zustand nicht abzufinden vermag, willig über zur pseudoidealistischen Verklärung eines einzelnen Unersetzlichen oder einer bestimmten Gruppe von elitär Erhöhten. Erweist sich dann der charismatisierte Führer oder die überhöhte Gruppe als ein Fehlschlag, dem kein Erfolg geworden ist, so kann die ideologische Ausgangsposition ohne allzuviel Mühe wieder bezogen werden. Aus diesem Grund gibt es in Deutschland tatsächlich kaum „alte Nazis" und außerordentlich viele potentielle Faschisten. Leicht verbittert, aber durchaus im Gefühl, es ja immer schon gesagt zu haben, wendet sich das Bewußtsein zurück zu seinem Positivismus, nachdem sein irrationales Abenteuer gescheitert ist. Der unersetzliche Mensch hat sich als ein Traum erwiesen; der erwachte Träumer fühlt sich geehrt, so hoch hinaus geträumt zu haben, im übrigen ist es seine Sache nicht, den Traum vom unersetzlichen Menschen und die Erfahrung von der Austauschbarkeit aller miteinander zu vermitteln; beide leben in friedlicher Schizophrenie nebeneinander her. Gemeinsam ist beiden der Perfektionismus, der zwischen Leben und Tod, Sieg und Niederlage, ganz und kaputt kein Drittes vorsieht. Beide denken den Menschen ohne die ihm eigentümliche Angewiesenheit.

Der Widerspruch zwischen der idealistischen These „Der Mensch ist unersetzlich" und der positivistischen Antithese „Jeder ist ersetzbar" läßt sich nicht einseitig auflösen, so daß die Wahrheit des einen Satzes nur bestehen könnte, wenn man beide Augen vor der des anderen zudrückt. Solche Blindheit erweist die behauptete Wahrheit als Ideologie: einmal, bei Annahme der idealistischen These, ist es eine Ideologie, die sich über alle Basis erhaben dünkt und von ihr unabhängig wähnt, während sie in Wirklichkeit dieser Basis vollkommen hilflos gegenübersteht und ihr faktisch ausgeliefert ist; zum anderen, bei Annahme der positivistischen These, werden die bestehenden Verhältnisse — die Selbstentfremdung des Menschen durch Arbeitsteilung, die Verdinglichung und Geschichtslosigkeit — als einzig mögliche und unveränderbare hypostasiert.

Der nicht auflösbare Widerspruch muß ausgehalten werden. Es kommt darauf an, den unersetzlich-ersetzbaren Menschen im Auge zu behalten. Dies geschieht aber nur da, wo der Widerspruch, als dialektischer Gegensatz begriffen, sich in ein anderes, Drittes vermittelt. Diese dritte Position müßte die beiden früheren in sich enthalten, sie müßte also in der Lage sein, einerseits den Menschen als einen ersetzbaren zu begreifen und anzunehmen und ihn andererseits als unersetzlichen zu bewahren. Der Begriff der Stellvertretung scheint geeignet zu sein, diese Vermittlung zu leisten, weil in ihm die Unersetzlichkeit des Menschen nicht zerstört, sondern gerade am Leben erhalten wird. Die Synthese aus Spruch und Widerspruch lautet daher: ein Mensch ist unersetzlich, *aber* vertretbar.

6. Die Struktur der Stellvertretung

Vorausgesetzt ist hier, daß der Mensch in gar keinem Sinne „auf sich selber steht" und „ganz allein" ist. Eine heroisch verstandene Unersetzlichkeit kann vor der Wirklichkeit nicht bestehen. Die entscheidenden Stunden im Leben sind nicht die, wo heroisch gilt: „Da tritt kein anderer für ihn ein." Statt dessen erfährt sich der einzelne als angewiesen, und er braucht sich dessen nicht zu schämen, sondern er kann sich als einen übernehmen, der die eigene Schwäche wahrnimmt, ohne an ihr zu verzweifeln. Er macht nicht etwas Besseres, etwas Vollständiges aus sich, er stilisiert sich nicht um in Autarkie und Unersetzlichkeit, er verfällt auch nicht ins andere Extrem der totalen Austauschbarkeit, in der selbst die Frage nach der eigenen Identität verstummen muß. Indem er sich selbst in seiner Schwäche und Angewiesenheit übernimmt, bleibt er, ob bewußt oder nicht, auf der Suche nach einem Vertreter. Aber gibt es nicht Situationen, in denen der einzelne tatsächlich allein auf sich gestellt ist, Erfahrungsbereiche ohne Angewiesenheit und Stellvertretung? Gewiß. Die Frage ist nur, woran, an das Leben sich orientiert.

Nicht umsonst besingt Schiller den Kampf, wo der Mann „noch was wert" sei, weil es keine Stellvertretung gibt in dem ursprünglichen und unvermittelten Bereich, wo Bewährung Auge in Auge verlangt ist. Wir können hier von zwei verschiedenen Grundmodellen menschlichen Lebens ausgehen, wie sie Hegel in der Dialektik von Herr und Knecht dargestellt hat[20]: der Kampf und die Arbeit. Orientiert sich das Leben am Modell des Kampfes, so wird die Beziehung zum anderen unvermittelt gelebt: als Unterwerfung, erzwungene Anerkennung, Haß oder Liebe, Feindschaft oder Gemeinschaft. Die Neutralität der Sachen — oder des Es — ist noch nicht abschwächend zwischen das Ich und seine Begierde getreten; unvermittelt, das heißt unversachlicht, stehen sich Ich und Du als Freund oder Feind gegenüber. Aber schon für Schiller ist dieses Modell des Kampfes eine historische Reminiszenz, die „noch" gilt; „nun" aber in der Welt der Arbeit, der normalen Wirklichkeit im Gegensatz zur Grenzsituation des Kampfes, kann faktisch einer für den anderen eintreten, ist Stellvertretung möglich.

Denn schon hier ist das Modell des Kampfes abgelöst durch das so ungleich reflektiertere, komplizziertere und modernere der Arbeit, verstanden als arbeitsteilige Produktion. Die Beziehung zum

---

[20] Hegel, a. a. O., S. 146 ff.

anderen Menschen hat sich in die Welt hinein vermittelt. Sie wird umwegig, indirekt. Auf dem Weg zum Du schlägt das Ich einen Umweg ein — über die Sachen, durch das Es hindurch. Auf diesem Umweg aber wird es zugleich auf sich selbst zurückgelenkt und in einer neuen gebrocheneren Weise auf sich selbst zurückbezogen. Im Modell Arbeit triumphiert die Ratio über das Leben, der Verzicht über die Wünsche, die Vermittlung über die Unmittelbarkeit, die Ersetzbarkeit über die Unersetzlichkeit, und dieser Prozeß der Versachlichung enthält zugleich eine andere Form der Reflexion des Menschen auf sich selber, die innerhalb des Modells Kampf so gar nicht möglich ist. Was als nur gelegentliches Versagen aus Krankheit, Unmündigkeit oder Schwäche noch verharmlost werden konnte, solange das Ich nicht Gegenstand der Reflexion war, wird radikalisiert, wo immer der Mensch in diese umfassendere Reflexion auf sich selber eingetreten ist, die sich, historisch gesehen, durch den christlichen Glauben entwickelt hat. Die Erfahrungen, die einer im Horizont dieser Reflexion, deren Verlauf sich nicht umkehren läßt, mit sich selber macht, sind nicht gerade ermutigend. Angesichts dessen, was innerhalb dieses neuen Modells der Arbeit verlangt wird — beispielsweise an Mut, Kraft und Bereitschaft zu glauben, zu hoffen, zu lieben —, steht es mit der Autarkie des einzelnen um so schlechter, je höher die erreichte Reflexionsstufe ist. Kein Wunder, daß die heroische Epoche, die des Helden, der auf sich selber steht, jeweils am Beginn historisch erkennbarer Zeitläufe steht: die entmutigenden Erfahrungen beim Umgang mit sich selber sind noch nicht gemacht. Die Resignation, wo Hoffnung sein sollte, die Unaufmerksamkeit anstelle der Liebe, die Skepsis anstelle des Glaubens bleiben noch unentdeckt, wo sich das Leben am Modell des Kampfes orientiert und die Beziehung zum anderen unvermittelt und ungebrochen erscheint. Es gehört eine gewisse Naivität dazu, sich für autark und nicht angewiesen zu halten. Wo aber Arbeit den Kampf aller gegen alle ersetzt, da wird der Autarkie des Menschen mehr und mehr abgeschworen.

Das Modell Kampf ist ohne Arbeitsteilung vorgestellt. Die Autarkie wird verherrlicht; der Kämpfende ist nicht ersetzbar, im Kampf leistet er seine Identität. Der Arbeitende dagegen versteckt seine Identität — es könnte jeweils ein anderer sein, der dies oder das leistet. An die Stelle heroischer Autarkie treten nun Angewiesenheit und Verantwortung, die einander bedingen. Der Arbeitende ist seiner Identität nicht gewiß. Er fragt weiterhin nach ihr, und in diesem Verlangen nach der Identität mit sich selbst erscheint Angewiesenheit als anthropologische Struktur. Weil Personsein — außerhalb des Kampfes — Angewiesensein ist, darum braucht der Mensch Stellvertretung.

Das Phänomen der Angewiesenheit ist von den verschiedensten anthropologischen Ansätzen aus beschrieben worden. Die im Vergleich zu den anderen Säugern extreme Hilflosigkeit des Menschenjungen, seine unmäßig verlängerte Kindheit und Pubertät sind die biologischen Ausdrucksformen dieses Sachverhalts. In gleicher Weise sinnfällig erscheint Angewiesenheit, wo Arbeit als das anthropologische Grunddatum angesehen wird, wie etwa bei Hegel und Marx. Mensch und Tier werden hier unterschieden durch die Produktion ihrer Lebensmittel. Die Struktur des Daseins ist damit schon gesellschaftlich. „Die Produktion des Lebens, sowohl des eigenen in der Arbeit, wie des fremden in der Zeugung erscheint nun schon sogleich als ein doppeltes Verhältnis – einerseits als ein natürliches, andererseits als gesellschaftliches Verhältnis – gesellschaftlich in dem Sinne, als hierunter das Zusammenwirken mehrerer Individuen, gleichviel unter welchen Bedingungen, auf welche Weise und zu welchem Zweck verstanden wird."[21] Ein solches gesellschaftliches Verhältnis impliziert Angewiesensein und ruft, eben als notwendig gesellschaftliches, nach Stellvertretung. Wo immer und wie immer Menschen zusammenleben, da gibt es als alltägliche Erfahrung solche Angewiesenheit auf Vertretung. Sie richtet sich nicht nur auf konkretes Du, das füreinander einsteht, sondern eben-

[21] K. Marx, Frühschriften, Dt. Ideologie, Stuttgart 1953, 356

sosehr auf gesellschaftlich vermitteltes Du, das sich in Gruppen formiert, an Sachen bewährt und in Institutionen verfestigt hat. So richtet sich unsere Angewiesenheit auf die Gesellschaft, die sowohl einmalig und personal als auch kollektiv und mehrförmig uns vertreten kann.

Es ist aber die Frage, ob die Vertretung, die die Gesellschaft anbietet und leistet, ausreicht, ob nicht Irreparables genug bleibt, das nach solcher Vertretung verlangt, die die Gesellschaft noch nicht zu geben imstande ist. Schon Fehlplanungen, Versäumnisse und Fehler in der Produktion wären unwiderruflich und lebenszerstörend, wenn die Arbeit nicht – als gesellschaftliches Phänomen – Austausch, Ersatz und auch Vertretung gewährleistete. Wer soll aber für die Fehlleistungen einstehen, die aus Arbeit allein weder resultieren noch auch durch sie korrigiert werden können?

Die Vertretung, die die Gesellschaft dem einzelnen gibt, gibt zwar konkrete Modelle her für die Struktur der Vertretung. Aber eben diese Strukturmodelle bleiben unerfüllt, wenn sie nicht auch außerhalb gesellschaftlicher Beziehung angewandt werden können. Auch dort, wo uns niemand vertreten kann, beispielsweise beim Sterben, sind wir angewiesen, brauchen wir Stellvertretung. „Außerhalb" bedeutet hier nicht einen Raum, in dem der Mensch etwa davon entbunden werden könnte, gesellschaftliches Wesen zu sein, wohl aber die Situation, daß auf vorfindliche und beobachtbare Phänomene hier nicht mehr rekurriert werden kann. Mittels ihrer Analyse ist hier nichts mehr auszurichten, wenn auch die Formen der Angewiesenheit durch sie erhellt werden können.

Angewiesenheit reicht, als Anfrage, über die gesellschaftlich geleistete Vertretung hinaus. Ob diese Anfrage beantwortet und ihre Erwartung erfüllt wird, oder wie es zugehen kann, daß Angewiesenheit ohne Frustration gelebt wird, das ist ein eminent theologisches Problem.

Für unseren Zusammenhang der Frage nach der Struktur der Stellvertretung ist eine andere Beziehung des unersetzlichen Menschen wesentlich: sein Angewiesensein als radikaler Ausdruck des In-der-Zeit-Seins. Angewiesen kann nur sein, wer Zeit braucht, so wie nur vertreten werden kann, wer Zeit hat. Wer keine Zeit mehr hat, wird ersetzt. Jener unersetzliche Mensch, der sich unvertretbar vorkommt, ist zugleich ein Zeitloser, dem Horizont der Zeitlichkeit Entfremdeter, darin dem ersetzbaren Ding vergleichbar. Denn in der Suche nach der eigenen Identität ist Zeit nicht nur eine ärgerliche Fessel, eine krumme endliche Bedingung, sondern die Hoffnung der Nichtidentischen. Wo ich unersetzlich bin, aber vertreten werden kann, da habe ich Zeit gewonnen. Aber damit hängt zugleich zusammen, daß ich als Person nur in einer Art von Nichtperfektion unersetzlich bin, die dem verdinglichten Ersatzdenken fern ist. Denn gerade die, denen ich unersetzlich bin, nehmen meine Hilflosigkeit, meine Unmündigkeit oder zeitweilige Unfähigkeit mit an. Gerade ihnen, die mich für unersetzlich halten, werde ich wehtun – durch Verreisen, Verstummen, Kranksein und Sterben. Damit gewinnt der Gedanke der Stellvertretung gerade dort seinen Boden, wo an der Unersetzlichkeit des einzelnen festgehalten wird. Alles das, was Stellvertretung braucht, erscheint ja erst unter der Voraussetzung der Unersetzlichkeit. Wo ich unersetzlich bin, muß ich vertreten werden; weil ich unersetzlich bin, muß ich vertreten werden.

Damit haben wir die Bedingungen genannt, unter denen Stellvertretung erscheinen kann: Personalität und Zeitlichkeit. Wird die Person nicht mehr als unersetzlich gedacht, so erübrigt sich Stellvertretung – Ersatz genügt. Nur der unersetzliche Mensch, der auf die eigene Identität nicht verzichten kann, will überhaupt vertreten werden. Aber er muß es auch, er ist angewiesen auf Vertretung, weil er in der Zeit ist. Seine Zeitlichkeit enthält wesentlich Angewiesenheit und Verantwortung, die beide einander korrespondieren. Wo immer der Mensch nicht als in der Zeit seiende Person gedacht ist – also entweder als zeitlos und zugleich autark oder nichtpersonhaft und damit ersetzbar –, da fehlen die notwendigen Bedingungen der Stellvertretung.

Konkrete Formen solcher in Personalität und Zeitlichkeit begründeten Stellvertretung sind, je nachdem, ob vom Vertretenen oder vom Vertreter aus gedacht wird, Angewiesenheit auf der einen, Verantwortung auf der andern Seite. Daß ich auf einen oder mehrere andere angewiesen bin und für einen oder mehrere andere Verantwortung trage, darin erscheint gelebte Stellvertretung. Beides gehört notwendig zusammen; wo sich eine der beiden Formen von der dialektisch zugehörigen abspaltet, da sind Personalität und Zeitlichkeit bereits gefährdet. Jederzeit kann die verabsolutierte Angewiesenheit zur Entmündigung der Person, die ausschließlich gewordene Verantwortung zur manifesten Herrschaft einiger über andere werden. Angewiesenheit, die nicht gegebenenfalls bereit ist, Verantwortung zu übernehmen, fällt zurück in Unmündigkeit, die nicht mehr nur zeitweilig gilt. Sie verfestigt sich ins Kindische, gleitet ab in „totale" Angewiesenheit. Wer nur „Erlösung" will, ohne Verantwortung wahrzunehmen, wer nur vertreten sein will, ohne selber stellvertretend dasein zu wollen, der wird gegebenenfalls auch bereit sein, den allzu teuren Preis zu bezahlen und auf verantwortliches Handeln überhaupt zu verzichten, die Welt sich selber überlassend.

Ebenso leicht geschieht es, daß Verantwortung ohne Angewiesenheit gedacht wird und die Verantwortlichen, wenn auch oft ohne ihren bewußten Willen, zu Herrschenden werden, die alle zeitweilige und bedingte und nur darin personale Stellvertretung vergessen haben.

Zwischen Magie und Ersatz

STELLVERTRETUNG
IN DER THEOLOGISCHEN TRADITION

*„Im Felde der Endlichkeit ist die Bestimmung,
daß jeder bleibt, was er ist;
hat er Böses getan, so ist er böse:
das Böse ist in ihm als seine Qualität.
Aber schon in der Moralität,
noch mehr in der Sphäre der Religion
wird der Geist als frei gewußt,
als affirmativ in sich selbst . . .:
der Geist kann das Geschehene
ungeschehen machen."*[22]

---

[22] Hegel, Philosophie der Religion, 3. Teil, Bd. XIV, 172 f.

1. Einleitung

Wer bin ich? „Daß das Subjekt unendlichen Wert habe und auch zum Bewußtsein dieser Extremität komme", kann – mit Hegel – als ausgemacht gelten, ausgemacht jedenfalls als der „Zweck des Geistes", der Identität will und auf sie nicht verzichten kann, es sei denn, er gäbe sich selber auf. Jenes Wesen aber, das unendlichen Wert hat und unersetzlich ist, muß vertreten werden. Stellvertretung ist ihm notwendig, weil es, wie sich in den verschiedenen anthropologischen Darstellungen zeigt, angewiesen ist. Dem korrespondiert die Fähigkeit, Verantwortung zu übernehmen. Aber Stellvertretung, die benötigt und geleistet wird, ist nicht nur ein Postulat, das sich der praktischen Vernunft verdankt, sondern sie „ereignet sich", „vielleicht nur selten in der Zuspitzung, wie ich sie andeutete, aber in tausend Abschattungen immer wieder im menschlichen Leben"[23]. Weil Angewiesenheit auf Vertretung überall vorliegt, wo Menschen zusammenleben, kommt auch Stellvertretung überall vor. Diese ihre Wirklichkeit wird im christlichen Glauben zu einem Bewußtsein ihrer selbst gebracht. Identität erscheint hier im Bilde des Stell-

---

[23] F. Gogarten, Was ist Christentum?, Göttingen 1956, 27

vertreters, nicht ungebrochen und unmittelbar. Wem es um Identität zu tun ist, der erfährt sie als Stellvertretung: benötigt und übernommen als Verantwortung und Angewiesenheit. Im Horizont dieser Erfahrung ist er auf die Zeitlichkeit der Existenz gestoßen wie nie zuvor: das Bewußtsein der Endlichkeit ist im christlichen Glauben anders, schärfer ausgeprägt als in allen vergleichbaren Religionen. Daß wir Zeit brauchen, vor dem Sterben, und zwar erfüllte, qualifizierte Zeit, in der Identität in Nichtidentität erscheine, das ist ein christlicher Gedanke, der in der Angewiesenheit auf den Stellvertreter seinen radikalen Ausdruck findet.

Der Glaube hat den Gedanken der Stellvertretung in einem unerhörten Sinn radikalisiert: er hat Stellvertretung zum wirksamen und mächtigen Grundereignis des Daseins erklärt, er hat den Stellvertreter zur entscheidenden Figur der Weltgeschichte erhoben, die alles – nämlich die Sünde der *Welt* – trägt, er hat die Stellvertretung, die er leistete, zeitlich und räumlich entgrenzt und sie zu einem Allgemeinen gemacht.

Aber diese Radikalisierung konnte nur dort gelingen und ist nur dort gelungen, wo sich der christliche Glaube aus der Umklammerung des magischen Denkens herauslöste. Es ist sicher kein Zufall, daß unser Blick auf der Suche nach einem Modell der Stellvertretung auf das Märchen fiel, also in die magische Welt gelenkt wurde. In der entzauberten Welt, seit der Aufklärung, hat der Begriff mehr und mehr an Boden verloren. Außerhalb der Theologie wird „das Amt der Stellvertretung" weithin als dogmatisch fixierte Rede empfunden und abgelehnt. Versuche, das Gemeinte aus seiner magischen Verhüllung herauszulösen, sind allzu selten gemacht worden. Der Begriff der Stellvertretung mag juristisch, soziologisch und psychologisch seinen Sinn haben, theologisch ist er verblaßt. Aus der systematischen Theologie droht er in die Religionswissenschaft auszuwandern, wo er im Bereich der Magie noch Heimatrecht hat[24].

Mißlicher noch als dieses Zurücktreten eines Grundbegriffes bzw. seine Emigration ist allerdings die Naivität, mit der er mitunter gebraucht wird, weil solch anscheinend selbstverständlicher Gebrauch notwendig magische Vorstellungen heraufbeschwört. Stellvertretung wird einfach gesetzt; die Frage, wieso dieses Prinzip überhaupt in einer aufgeklärten Welt, wo jeder für sich selber haftet, gültig, ja überhaupt nur denkbar sein soll, wird gar nicht gestellt. Das „Prinzip Stellvertretung", das z. B. O. Cullmann in seinem Buch über

---

[24] Die erste Auflage der „Religion in Geschichte und Gegenwart" (1907) erwähnt beispielsweise Stellvertretung nur im kirchenrechtlichen Sinn, als Vertretung für Pfarrer. Die zweite und dritte Auflage (1927 und 1963) bringen religionsgeschichtliches Material zum Begriff der Stellvertretung, aus der Bibel etwa den Hinweis auf den Sündenbock aus Lev. 16. Ein Hinweis auf die Stellvertretung Christi, in der zweiten Auflage von Bertholet noch gegeben, fehlt in der neuen Auflage.

die urchristliche Zeit- und Geschichtsauffassung als einen Schlüsselbegriff verwendet, wird hier nicht diskutiert, sondern gläubig übernommen bzw. historisch-exegetisch abgelesen. Darum bleibt auch das Ereignis der Stellvertretung formal und leer. Die stellvertretende Erwähltheit drückt sich im Rahmen solcher vorpersonalen Reflexion als „heilsgeschichtliche Reduktion" aus: von der Menschheit über das Volk Israel zum Rest Israels — bis zu dem Einen, Christus. *Inwiefern* die Geschichte eines Volkes überhaupt bestimmend für das Heil aller Menschen sein kann, erfährt man nicht. Die saubere heilsgeschichtliche Konstruktion, die in einer Progression dann über die Apostel, die Kirche, den Rest und das Volk der Heiligen bis zur erlösten Menschheit im Gottesreiche geht[25], hat als Basis einen Begriff von Stellvertretung, mittels dessen auf jedes personale Verständnis der Sache verzichtet werden kann – einen magischen Begriff, der allerdings eine Affinität zum technischen Verständnis der Stellvertretung als Ersatz hat, das uns noch beschäftigen wird.

Anders — und sich mit der hier gegebenen Darstellung häufig berührend — faßt Wolfhart Pannenberg den „allgemeinen Horizont des Stellvertretungsbegriffes"[25*]. Er hebt ihn scharf ab von der aufklärerischen Kritik, wie sie im wesentlichen

---

[25] Vgl. O. Cullmann, Christus und die Zeit, 1948, 100 f.

[25*] W. Pannenberg, Grundzüge der Christologie, Gütersloh 1964, 271 ff.

von den Sozinianern entwickelt worden ist. Pannenberg entwickelt seinen Begriff von Stellvertretung anhand der in der israelitischen Darstellung und Auffassung von Schuld und Sühne vorgegebenen Grundlagen. Sein „Vorverständnis" ist also nicht an Phänomenen wie Austausch und Unersetzlichkeit, sondern zunächst an Überlieferung, an traditio orientiert. Von solcher traditio geleitet, macht er den Versuch, die „zufälligen Geschichtswahrheiten" der israelitischen Tradition mit den „notwendigen Vernunftwahrheiten" einer neueren Anthropologie zu harmonisieren. Seine Ausgangspunkte sind einmal der „Naturzusammenhang von Tat und Tatfolge" und dann, damit zusammenhängend, „die Verflochtenheit des Individuums in die Gesellschaft". Beide Komplexe sind allgemein genug gefaßt, um Übersetzung aus der vergangenen Welt möglich scheinen zu lassen, allerdings dürfte die aufklärerische Kritik am mythischen Austausch von Taten und ihren Folgen noch kaum ernst genommen sein, solange nicht der unersetzliche Charakter des Individuums als der Kern aller Kritik an einem magisch-mythischen Verständnis von Stellvertretung erscheint. Die heutige Bedrohung dieses unersetzlichen Menschen scheint hier noch kaum im Blick, wo es möglich ist, ihn mit Hilfe der sozialgeschichtlichen Anschauungsformen des Alten Testaments zu kollektivieren. Die berechtigte Kritik, die Pannenberg am Individualismus übt, hat das Problem der Subjektivität und ihre unaufgebbare Frage nach der eigenen Identität noch nicht erledigt. Evident ist wohl trotz dieser Ansätze in der gesamten gegenwärtigen evangelischen Theologie der Verlust einer bestimmten Denk- und Sprachmöglichkeit, die es in der Tradition früher offenbar gegeben hat. Man traktiert ein Unverständliches – und weil in der verdinglichten Welt nur Ersatz geleistet werden kann, nicht Stellvertretung, darum verstellt auch solches gutgemeinte Reden von Stellvertretung den Blick. Auch Christus kann zum „Ersatzmann" gemacht werden, so gut wie zum Zauberer. Wieweit die überkommene Tradition allerdings ein personales Verständnis der Stellvertretung entwickelte, wieweit sie innerhalb der Stellvertretung den unersetzlichen Menschen aufbewahrte oder erst recht verstand, das kann sich erst im Lauf der Untersuchung zeigen. Kritischer Maßstab gegenüber der Tradition ist jedenfalls die Frage, wieweit sie Stellvertretung personal verstanden hat.

2. Das magische Verständnis

Die magisch verstandene Stellvertretung ist eines der wesentlichen Phänomene von Religion überhaupt. Spuren solcher Vertretung finden sich in fast allen Religionen. Die Ägypter beispielsweise gaben ihren Toten kleine Figuren aus Holz, Stein oder Fayence mit ins Grab, die als Ushebti, als Antworter oder Helfer, bezeichnet wurden. Man dachte sich das Totenreich als eine reine Fortsetzung des Diesseits: es enthielt ein weites Gefilde, Earu genannt, in dem ein anderer Nil fruchtbare Felder durchströmte. In diesem Lande der Toten wartete Arbeit in Fülle. Wenn nun dem Toten eine Arbeit zugeteilt wurde, die ihm zu schwer oder zu schmutzig war, so konnte er mittels magischer Sprüche den Antworter, den Helfer, dazu bringen, die Sache für ihn zu übernehmen. „Wenn ich abgezählt werde, um die Ufer zu bewässern, so sage du dann: hier bin ich!"[26] Was geschieht hier? Dem ägyptischen Glauben an die helfende Kraft der Ushebti liegt die Vorstellung zugrunde, daß jedes Wesen mit seinem Abbild magisch verbunden sei. Was dem Abbild eines Menschen geschieht, geschieht dem Menschen selber. Was das Abbild leistet, kommt dem Menschen zugute. Die Ushebti vertreten den Toten realiter: wenn sie arbeiten, wird er in Ruhe gelassen. Sie erfüllen die ihm auferlegten Pflichten. Seit Frazer nennt man solche Vollzüge gern „imitative Magie"[27]. Die Antworter imitieren den Toten; für ihn handelnd, ersparen sie ihm das Handeln. Die Beziehungen des Toten zu seinen hölzernen Dienern verdienen die Be-

---

[26] Vgl. F. Bertholet (hrsg. H. v. Campenhausen), Wörterbuch der Religionen, Kröner 1952, Art. „Stellvertretung" und „Ushebti"

[27] Vgl. S. Freud, Totem und Tabu, S. W. IX, 100

zeichnung „magisch" aus mehreren Gründen. Einmal, weil der Stellvertretende ein Ding und keine Person ist. Die Bitte um Stellvertretung ist ihrer Erfüllung gewiß; der Antworter ist eine Funktion des Toten. Damit hängt zusammen, daß Stellvertretung hier der gewöhnliche Brauch ist, auf dessen korrekte Befolgung man zu achten hat, damit alles in Ordnung ablaufe; keinesfalls ist sie das Unerwartete oder Wunderhafte. Der Bittende geht kein Risiko ein, abgewiesen zu werden. Schließlich aber hat die hier geleistete Vertretung nicht den grundlegenden Charakter des Zeitweiligen, Vorübergehenden, wenn sie auch partiell und nur auf Bestimmtes bezogen ist. Die Ushebti vertreten nicht „auf Zeit" und nicht auf Aufhebung ihrer selbst hin.

Für unseren Zusammenhang ergibt sich hier eine überraschende Parallele zwischen dieser Art von Stellvertretung aus dem Bereich imitativer Magie und dem eingangs gekennzeichneten Begriff von Ersatz. Beide sind nicht personengebunden und nicht zeitbegrenzt. Beide ersetzen vollständig und auf die Dauer.

Auch das Alte Testament, das sonst so viele Züge allgemeiner Religionsgeschichte entmagisiert und entmythisiert hat, steht auf der gleichen Stufe, sofern man von den Ansätzen zu personaler Stellvertretung bei Jeremia, Hosea und Deuterojesaja absieht. Die Vorstellung vom Sündenbock etwa (3. Mose 16) bleibt im Umkreis imitativ magischen Denkens. Sünde ist als etwas Stoffliches vorgestellt. Der Priester identifiziert die Sünde des Volkes mit dem Bock, indem er seine beiden Hände auf den Kopf des Bockes stemmt und über ihm alle Sünden des Volkes bekennt. Der Bock, als Haustier zum Menschen gehörig und mit ihm verbunden, erleidet das, was der Mensch nicht erleiden soll. Anstelle des schuldigen und zu bestrafenden Volkes wird dann der Bock in die Wüste geschickt, in den unbewohnten, unreinen, unheiligen Raum. Nun kann die Sünde das Volk nicht mehr beflecken. Die Rolle des Sündenbocks besteht ursprünglich in der Hauptsache im Wegschaffen (vgl. 3. Mose 16, 22), der Gedanke stellvertretender Bestrafung liegt fern, und ebenfalls der des Opfers kann hier nicht eingetragen werden. Es kommt gar nicht auf die besondere, etwa fehlerlose, ausgezeichnete Beschaffenheit des Bocks an, eben weil der Gedanke des Opfers in der älteren Phase solcher stellvertretender Reinigungsriten noch gar keine Rolle spielt.

Wer die Sünde wegschafft, ist nicht entscheidend, Hauptsache, sie verschwindet aus dem menschlichen Bereich. In anderen Religionen kann es auch ein Mensch, ein anderes Tier oder, sehr häufig, ein Gegenstand sein: Ein Stein oder ein Stock kann mit Sünde beladen und fortgeschleudert werden. Der babylonische Priester spricht: „Laß mich das Unheil zerreißen, der Vogel trage es zum

Himmel empor."[28] Häufig wird auch ein Fahrzeug als Sündenbock benutzt: Die Biagas auf Borneo schicken alljährlich alle Sünden und alles Unheil in einem Boot aufs Meer hinaus. Wer das Boot berührt, wird von dem Unheil getroffen[29]. Auch hier ist die Sünde stofflich-dinghaft verstanden als Unreines. Dem entspricht ein magisches Verständnis von Stellvertretung – als Übertragung und Fortschaffen.

Es zeichnet sich hier eine eigentümliche Nähe von Magie und Technik, von magischer Stellvertretungs- und Übertragungspraxis einerseits und technischer Ersetzbarkeit und Austauschbarkeit andererseits ab. Auch hier fehlen wieder die Momente der Personalität und der Zeitlichkeit, die wir als konstitutiv für eine personal verstandene Stellvertretung ausmachten. Magie und Technik kennen nur den Ersatz, weil sie von der Austauschbarkeit aller gegen alle ausgehen. Diese Nähe sollte allerdings von den Theologen nicht dazu benutzt werden, auf das Verständnis magischer Strukturen zu hoffen oder an solche anzuknüpfen. Die Austauschbarkeit ist zwar magischer Stellvertretung und technischem Ersatz gemeinsam, nicht aber ihre Begründung. Im magischen Denken ist die Unterscheidung von Dingen und Personen

---

[28] M. Jastrow, Die Religion Babyloniens und Assyriens, 1912, II, 95

[29] Frazer, The Scapegoat, VI, 1913², 200, zitiert in RGG³ unter Sündenbock

noch nicht geleistet bzw. sie kann jeweils aufgehoben werden. Sachen, Pflanzen, Tiere und Menschen stehen in einer magischen Urverbundenheit, die unter bestimmten Bedingungen, wie Zeit, Ort oder heiliges Wort sie darstellen, ihren Austausch ermöglicht. Diese Verbundenheit von allen mit allem hängt mit der Unverfügbarkeit aller Dinge aufs engste zusammen.

Wo alles unverfügbar ist, wo allerorts Geheimnis sitzt, wo, wörtlich genommen, „nichts zu machen" ist, da kann auch jeweils eines für ein anderes eintreten, da kann auch der Schaden oder Schmerz, der einem zugefügt wurde, am Leibe eines anderen ausgetragen werden. Das, was den Austausch ermöglicht, die Vermittlung, ist die totale Unverfügbarkeit. Anders gesagt: die Ohnmacht des einzelnen findet ihr Korrelat in dem, was Freud die Allmacht der Gedanken genannt hat[30], die den Austausch ermöglicht.

Solch unendlicher Austausch wird auch von Schuld und Tod nicht begrenzt. Allmacht der Gedanken enthält eine Entgrenzung zeitlicher, räumlicher und gegenständlicher Natur. Das räumlich Entlegene und das zeitlich Verschiedene kann mühelos in einem Akt des Bewußtseins zusammengebracht werden. Es ist die Entgrenzung, die aus der Ohnmacht folgt. Auch im technischen Denken hat eine Entgrenzung durch die vollständige Ersetzbarkeit

---

[30] Freud, S. W. IX, 106

aller Dinge stattgefunden. Die Austauschbarkeit von Sachen und Menschen hängt hier von ihrer Machbarkeit ab. Weil die Welt unter der totalen Verfügbarkeit begriffen wird, darum kann jedes Ding durch ein anderes ersetzt werden. Alles wird Ware, alles Produkt menschlicher Arbeit. Jedes bestimmte Produkt kann gegen ein anderes ausgetauscht werden. Was einst Magie leistete, leistet nun Technik – eben die Austauschbarkeit von allem mit allem. Die Vermittlung ist die Allmacht, nun aber nicht mehr der Gedanken, sondern des Machens. So ähnelt die magische Stellvertretung, die auf dem Boden des vorpersonalen Zeitalters entstehen konnte, dem technischen Ersatz des nachpersonalen Denkens.

3. Stellvertretung im Neuen Testament

Im Neuen Testament fehlt zwar der Ausdruck „Stellvertretung", doch wird man diesen Befund nicht überbewerten dürfen – die Sache ist gegenwärtig, und ihre wiederkehrende Grundformel, das „hyper hämon", gehört wahrscheinlich zum ältesten Bestand der schon von Paulus vorgefundenen Tradition. Paulus selber bedient sich einer ganzen Reihe verschiedener Bilder aus vorgeformten Begriffen, um den Sinn des Leidens und Sterbens Christi auszudrücken. Aus der jüdischen Kultusanschauung stammt der juristisch gefärbte Gedanke des Sühneopfers und ebenfalls der des – auf Jesu Blut bezogenen – Sühnemittels, wie auch der des stellvertretenden kultischen Opfers. Aus dem gnostischen Mythos kommt der Gedanke vom erlösten Erlöser, der mit den ihm zugehörigen Menschen in einem „Leib" verbunden ist und dessen Schicksale, wie Sterben und Auferstehen, zugleich denen widerfahren, die zu seinem „Leib" gehören[31]. Alle diese – divergierenden – Bilder sind unzulänglich, das Heilsereignis auszudrücken; sie werden darum aufgenommen und wieder beiseitegeschoben; sie verdichten sich nicht zu einer Terminologie, deren der Apostel in anderen Zusammenhängen ja durchaus fähig ist. Sie kreisen das, was wir mit dem Ausdruck „Stellvertretung" zu fassen suchen, von verschiedenen Seiten ein, ohne daß der Begriff expliziert würde. Implicite aber radikalisieren sie diesen Begriff, indem sie ihn von der magisch verstandenen Stellvertretung ablösen.

Dies geschieht durch folgende, dem christlichen Verständnis von nun an eigentümliche Momente: Historizität, Entgrenzung, Freiwilligkeit und Leiden. Stellvertretung wird erst radikal gedacht, indem sie an eine bestimmte *historisch* faßbare Person gebunden ist. Nicht jeder und jedes kann für jeden eintreten, auch nicht eine Gruppe auserwählter Zauberer oder der von ihnen berührten Gegen-

---

[31] Vgl. R. Bultmann, Theologie des Neuen Testaments, 1953, 290 ff.

stände, sondern ein ganz bestimmter Mensch, in bestimmter geographischer und klimatischer Lage, unter bestimmten fixierten und erforschbaren Zeitumständen, leistet Stellvertretung. Die Historizität des Vertreters weist hin auf seine Unverfügbarkeit. Dem magischen Denken ist *ein* Vertreter immer zuhanden, ist es nicht dieser, dann jener. Christlich verstanden dagegen ist nur in diesem *einen* Namen Stellvertretung. Das Tun und Leiden dieser bestimmten historischen Person hat alles spätere und frühere, alles wirkliche und mögliche Tun und Leiden anderer Personen vorweg erfüllt.

Daher entspricht der historischen Engführung, bis in die Krippe in Bethlehem hinein, eine Entgrenzung in das „ein für allemal", das Zeit und Raum übersteigt. Während im magischen Denken oft für je eine andere Sache ein anderer Stellvertreter benötigt wird, hat der christliche Stellvertreter ein für allemal gehandelt. Indem alle magische Wirksamkeit der Stellvertretung entfällt, verschwindet zugleich auch alle Umklammerung durch ein völkisches Denken. Gegenüber der früheren Vorstellung, innerhalb derer der Sündenbock das Volk, das gesündigt hatte und zu strafen war, vertrat, findet hier eine Verengung und Erweiterung der Sache zugleich statt. Stellvertretung wirkt nicht mehr magisch, daher trifft sie auch nicht pauschal auf bestimmte Gruppen zu, rettet nicht vorbestimmte Kollektive, sondern schafft sich ihre neuen

Kollektive selber, denen der Charakter der Offenheit notwendig ist. Individualisierung und Universalisierung gehen Hand in Hand. Indem die Zugehörigkeit zu einer bestimmten Volksgruppe nichts mehr bedeutet, sowenig übrigens wie die Zugehörigkeit zu einer bestimmten Rasse, Klasse oder Schicht, kann Stellvertretung nun für die Welt, für alle Welt wirksam werden. Der neue Begriff vom Stellvertreter ist distinkt und entgrenzt zugleich; beides bedingt sich gegenseitig.
Es liegt am Tage, daß diese Entgrenzung nach der historischen Engführung zu magischem Mißbrauch und Rückfall verführen kann: der, der für alle genug getan hat, läßt übersehen, daß er selber nur auf Zeit, nur unvollständig und bedingt vertritt. Gerade die christliche Entgrenzung der Stellvertretung verführt zu magischem Ersatzdenken, innerhalb dessen man die Unersetzlichkeit der vertretenen Personen zugunsten einer universalen Heilsgeschichte aufgeben kann, anstatt sie mittels der Stellvertretung Christi am Leben zu erhalten. Das eigentümliche Verhältnis von Historizität und Entgrenzung, Individualisierung und Universalisierung, weist wieder zurück auf das Verhältnis „unersetzlich, aber vertretbar", in dem der einzelne auf eine Art Stellvertretung angewiesen ist, die ihrerseits Zeitlichkeit zu ihrem unaufgebbaren Kriterium erhoben hat. Christologie und Anthropologie entsprechen sich. Diese Schwebe von „unersetzlich", aber „vertretbar", von Unbedingtheit

und Ablösbarkeit, von Personalität als Nicht-Austauschbarsein und Rolle als jeweiligem Vertretenwerden-Können wird im Neuen Testament bezeichnet durch das Wort „hyper", die Präposition der Stellvertretung[32]. Als der Antitypos Adams ist Christus die Zusammenfassung der Menschheit (Röm. 5) und darum unser Repräsentant vor Gott. Weil seine Person stellvertretend ist, so auch sein Tun und Leiden – es gilt für die Repräsentierten, das sind alle (2. Kor. 5, 15). Der Repräsentant übernimmt das Schicksal der Repräsentierten – nämlich das Sterben nach einem sinnlosen Leben (Röm. 5, 6); er stirbt „für" sie – nämlich an ihrer Stelle. Der Gerechte stirbt „für" die Rechtsbrecher (1. Petr. 3, 18).

Damit wird nun das dritte Charakteristikum christlich gedachter Stellvertretung sichtbar, es ist die Freiwilligkeit als weitere Struktur personaler Stellvertretung. Die im Neuen Testament erfahrene und beschriebene Stellvertretung kann darum personal genannt werden, weil sie nicht auf magischer Allverbundenheit beruht, sondern auf persönlich-freiwilliger Verbindung. Sie beruht nicht auf Identität, sondern auf vollzogener Identifikation, nicht auf einem vorgängigen Sein, sondern

---

[32] Vgl. W. Bauer, Wörterbuch zum NT. Dort unter hyper c. gen. die Bedeutungen „für, zum Besten von, zum Vorteil von jemandem". Im Sinne der Stellvertretung wird hyper verbunden mit Verben wie „bitten, beten, sorgen, arbeiten, mühen, leiden, sterben, sich einsetzen"

auf aktuellem Geschehen. Christus ist freiwillig und nicht unter physischer Nötigung seiner „Gottnatur" an unsere Stelle getreten. Und seine Leistung der Versöhnung ist nicht als auf einmal fertige anzusehen, die sich als Vergangenheit objektivieren ließe. Wäre die Stellvertretung Christi eine bestimmte, vorher mit Gott ausgemachte Leistung, so erfüllte Christus nur die Rollenerwartung, die an das Dasein eines Prügelknaben geknüpft ist. Dem Dasein Christi als Person kommt die Stellvertretung als unfertige und währende Beziehung zu, nicht als eine Leistung, die er aufgrund einer bestimmten übernatürlichen Beschaffenheit einmal vollbringt.

Damit hängt das vierte neue Moment zusammen, das den christlichen Gedanken der Stellvertretung charakterisiert, das Leiden des Vertreters. Das Judentum erwartete zur Zeit Jesu keinen leidenden Messias; das ergibt sich eindeutig aus der Haltung sowohl der Gegner (vgl. Joh. 12, 34) wie der Jünger Jesu (vgl. Matth. 16, 22; Luk. 18, 34 und 24, 21). Jesus hat das Bild „Menschensohn" uminterpretiert und so ausgelegt, daß nun die Unscheinbarkeit und Wehrlosigkeit dessen, der um anderer willen leidet, im Titel „Menschensohn" ausgedrückt ist. Das Bild von dem leidenden Gottesknecht aus Jesaja 53 war von der jüdischen Auslegung auf das Volk übertragen worden, ja die spätjüdische Theologie hat einen leidenden Messias abgelehnt, die Erläuterung zu der Jesajastelle hat gerade das Leiden des Gottesknechtes eliminiert. Einmalig ist der Gedanke, daß ein einzelner durch sein Leiden und Sterben Stellvertretung übt für die ganze Welt. Das erweisen auch die parallelen Texte über das Leiden des qumranischen Lehrers der Gerechtigkeit. Auch dieses ist nicht freiwillig übernommenes stellvertretendes Leiden[33]. Der verachtete christliche Messias wird gerade durch sein Leiden als Gottes Auserwählter erwiesen.

Im Rückblick auf das magische Verständnis lassen sich miteinander vergleichen: die Bitte des ägyptischen Toten an seinen Antworter, der helfen soll, und die Bitte des christlichen Beters bei Paul Gerhardt in „O Haupt voll Blut und Wunden". „Wenn ich abgezählt werde, um die Ufer zu bewässern, so sage du dann: hier bin ich!" Und demgegenüber im Lied: „Wenn mir am allerbängsten wird um das Herze sein, so reiß mich aus den Ängsten kraft deiner Angst und Pein." Die Angst, das Ausgeliefertsein, die Angewiesenheit auf einen andern sind hier wie dort vergleichbar. Ein Unterschied ergibt sich ausschließlich in der christlichen Begründung der Bitte „kraft deiner Angst und Pein". Sie aber enthält alle beschriebenen materialen Merkmale der Stellvertretung: Entgrenzung, Historizität, Freiwilligkeit und Leiden. An diesen sterbenden Gott kann sich jeder wenden. Er hat ein bestimmtes historisch verifizierbares Gesicht.

[33] Vgl. den Artikel „Christologie" in RGG³, I, Sp. 1745 ff.

Er hat sich freiwillig zu dem gemacht, als was er hier angesprochen wird, zum Stellvertreter. Dies tat er durch Leiden. Der Grund, der solcherart Stellvertretung ermöglicht, ist ihre Bindung an eine konkrete historische Person.

4. *Das juristische Verständnis*

Diese materialen Charakteristika der Stellvertretung sind unaufgebbar. Sie haben verhindern können, daß das magische Verständnis in der Theologie unbestritten herrsche — aber auch durch sie ist ein personales Verständnis noch nicht garantiert. Stellvertretung Christi läßt sich immer auch mit Hilfe juristischer Begriffe interpretieren, wobei das Personsein der vertretenen Menschen auf merkwürdige Weise um des Gottseins Gottes willen verkleinert wird.

Das juristisch angelegte Verständnis von Stellvertretung, das in der Theologie die breiteste Nachwirkung hatte, stellt die Anselmsche Satisfaktionstheorie dar. Anselm geht von dem Grundgedanken aus, daß die Ehre Gottes durch die Sünde der Menschen angetastet ist. Das Verhältnis Gottes zu den Menschen ist dabei nicht ein privatrechtliches, sondern ein herrschaftliches: Gott ist der König, der einen Staat regiert. Darum könnte es nicht genügen, daß Gott Barmherzigkeit walten ließe und die Sünde einfach erließe. Damit wäre die Ordnung

in Gottes Reich zerstört. Die Sünde als Majestätsverbrechen hat Gottes Ehre etwas weggenommen, das wiedererstattet werden muß. Es ist die Gerechtigkeit Gottes, die notwendig eines von beiden fordern muß: aut poena, aut satisfactio. Da Gott die Menschen nicht vernichten will, was die einzig angemessene Strafe wäre, bleibt nur der Weg der satisfactio. Diese aber können die Menschen nicht leisten, da die Sünde als Majestätsverbrechen unendlich groß ist. Auch die Genugtuung müßte größer als alle Welt sein. Sie ist also unmöglich, „wenn nicht jemand da ist, der Gott für die Sünde des Menschen etwas Größeres bezahlt als alles ist, was außer Gott ist"[34]. Nur Christus kann an unserer Stelle Gott wirklich „genugtun", nur der Gott-Mensch vollbringt in freiwilligem Sterben eine vollwertige Leistung, die als Opfer am Werte seines Lebens bemessen wird. Er nur kann eine Tat von unendlichem Wert tun, die zugleich von einem Menschen vollbracht wird. Die Stellvertretung Christi besteht also in dieser Leistung der satisfactio, nicht etwa im Leiden an unserer Stelle[35].
Für unsern Zusammenhang der Frage nach einem personalen Begriff der Stellvertretung ist entscheidend, daß Anselm die Sünde personal verstanden hat: sie ist nicht Verfehlung an diesem oder jenem,

---

[34] Anselm von Canterbury, Cur Deus Homo? Migne S L 158, Sp. 403

[35] Zur Kritik an Anselm vgl. W. Koehler, Dogmengeschichte, 1943², 304

also ein mehr oder weniger Reparables, sondern sie stellt eine Beleidigung Gottes dar, exhonoratio Dei. Erst aus dieser Entehrung folgt die Unordnung der Welt, die Gott nicht einfach übersehen kann. Um dieses Gewichts der Sünde willen heißt Vergebung niemals: fünf gerade sein lassen. Aber gerade wenn dieser Gedanke in seiner Tiefe gefaßt wird, so macht die Annahme der Genugtuung durch einen andern die allergrößten Schwierigkeiten. Warum nimmt Gott sie an, warum gibt er sich mit ihr zufrieden, wenn nicht schon vor solcher Genugtuung etwas in ihm ist, das auf den wirklichen Akt der Vergebung hin tendierte? Mit andern Worten: Reicht satisfactio als ein objektivierbares Faktum aus, Vergebung als einen freiwilligen Akt zu verstehen? Welche Gottesvorstellung liegt hier zugrunde? Der Gedanke, daß Gott „an sich" unversöhnlich sei und erst durch Christi Leistung beschwichtigt werden müsse, hat im Neuen Testament, zumindest bei Paulus, keinen Anhalt. Hier wird ja Gott nicht durch etwas anderes versöhnt, sondern „er versöhnte die Welt mit sich selber" (2. Kor. 5, 19): Gott ist Subjekt der Versöhnung. Bei Anselm steht Christus sozusagen Gott zugewandt, uns aber den Rücken kehrend da. Durch das, was er Gott „zurückerstattet", wird Gott versöhnt, und er hat nun die Möglichkeit eines neuen Verhältnisses zu uns. Darauf, inwiefern wir durch diesen Christus ein neues Sein gewinnen, wird nicht reflektiert. Mittels dieser Theorie sind zwar alle Selbsterlösungsversuche des Menschen, alle Werkgerechtigkeit und alle Moralismen abgeschnitten – und darauf beruht die Größe Anselms –, aber dennoch hat das Verhältnis zwischen Gott und den Menschen hier eine vorgängige Verrechtlichung erfahren, die vielleicht im germanischen Treue-um-Treue-Denken wurzelt und darin einen personal verstehbaren Kern hat, die aber dennoch bedenkliche Folgen zeitigt. Nämlich erstens: die Spontaneität Gottes wird eingeschränkt, weil er nicht das Subjekt, sondern das Objekt der Versöhnung ist. Zweitens: Christus handelt nur indirekt „für uns", seine Stellvertretung ist eng umgrenzt, eben juristisch auf eine bestimmte einmalige Leistung festgelegt. Der Stellvertreter tritt sozusagen nicht mit seiner Existenz für die von ihm Vertretenen ein, sondern mit einer bestimmten Leistung. Drittens: Die leistungsorientierte Stellvertretung ist notwendig exklusiv verstanden, aller Charakter der Vorläufigkeit fehlt ihr, Christus steht an einer Stelle, an der wir potentiell und aktuell niemals stehen werden, sein Handeln beschafft das Heil unabhängig von denen, die er vertritt.

Sobald die Theologie stärker von der Versöhnung Gottes mit den Menschen her denkt, wird sie die für Anselm grundlegende methodische Alternative – aut poena aut satisfactio – hinter sich lassen. Das läßt sich sehr deutlich an Luthers Christologie zeigen. Er hat den Begriff der satifactio nur mit Vorbehalten benutzt, sie sei zu gering, er wolle das Wort darum lieber den Juristen überlassen[36]. Wo er den Ausdruck aber gebraucht, da ist er nicht Anselmisch verstanden als etwas, was zunächst in Beziehung auf Gott geschieht und was ihm die Versöhnung ermöglichen soll, sondern die satisfactio ist als Erfüllung des Gesetzes von Anfang an auf die Menschen gerichtet. Christus erfüllt das Gesetz und erträgt die Sündenstrafe und den göttlichen Zorn nicht, „um Gott zu versöhnen, sondern um die Macht der Sünde, des Zornes und des Gesetzes, durch die die Menschen Gott verschlossen gehalten werden, zu brechen"[37]. Der Gedanke des meritum Christi erscheint nun nicht mehr auf Gott hin gewendet, sondern nur noch in der Polemik gegen die Eigenverdienste der Menschen; ihnen gegenüber hat Christus „genug" getan. Aber sein Tun ändert nicht Gott und sein Verhältnis zu uns: seine tödliche Gerechtigkeit. Christus leidet Strafe und Zorn Gottes, statt eine Ersatzleistung zu vollbringen. Gerade die Linie, die bei Anselm fehlt, die Beziehung Christi auf uns, wird von Luther in den Mittelpunkt gerückt. Christus macht uns im Gewissen frei, indem er den Zorn Gottes als gerecht, verdient, notwendig und darin selber barmherzig ansieht[38].

---

[36] M. Luther, W. A. 34, I, 303

[37] Fr. Gogarten, Die Verkündigung Jesu Christi, 1948, 358

[38] W. A. 40, II, 3

Das Sachproblem der Stellvertretung, von Anselm als satisfactio gedeutet, stellt sich für Luther in ganz anderer Weise und wird mit Hilfe eines anderen Terminus reflektiert, für den Luther auf Occam zurückgriff: als Problem der Imputation. Darunter versteht man allgemein die Frage, wieweit eine bestimmte Schuld oder ein Verdienst seinem verantwortlichen Täter moralisch oder auch juristisch zugerechnet werden kann[39].

Im spezifisch theologischen Sinne ist Imputation jener Akt Gottes, durch den er dem Sünder die Gerechtigkeit Christi „zurechnet", imputiert, und ihm seine eigene Sünde nicht anrechnet. Indem der Begriff imputatio bei Luther die Rolle spielt, die satisfactio bei Anselm hat, wird der Blick von dem zu versöhnenden Gott – dessen Reich durch die Ehrverletzung in Unordnung geraten ist – fortgewandt auf den Menschen, der Gerechtigkeit nur in der Weise der doppelten Imputation erlangen kann, der non-imputatio der Sünde und der imputatio meriti Christi.

Gott rechnet mir gegen all mein Verdienst und Würdigkeit den tätigen und leidenden Gehorsam Christi an. Aber dieser forensische Charakter der Rechtfertigung ist äußerst problematisch, weil das Gewissen der vorgenommenen Aufrechnung widerstreitet. „Sünde ist ja nicht Fehlleistung, die durch die positive Leistung eines ‚anderen' ausgeglichen

---

[39] Vgl. den Artikel „Imputation" in RGG³, III, Sp. 695

werden könnte. Das meritum als Leistung könnte nur eine objektivierbare Fehlleistung ausgleichen. Aber wenn anders Sünde meine *eigene* Verfehlung ist, wenn sie als Verfehlung der Person verstanden werden muß, dann ist es mit einer ausgleichenden, für mich in Anrechnung gebrachten Leistung nicht getan."[40] Diese Kritik trifft zwar einen wörtlich genommenen Luther, und sie trifft seine durchaus unzureichende Begrifflichkeit; der Sache nach aber geht es Luther gar nicht darum, die ausgleichende Leistung als Grund der theologischen Imputation anzugeben. Grund der theologischen Imputation ist, daß sich in Christus das Verhältnis Gottes zum Menschen verändert hat und nun als andersgewordenes erkennbar ist.

Die moralische und rechtliche Imputation ist nur feststellender Natur, sie reagiert auf einen gegebenen Tatbestand, schafft aber ihrerseits nichts Neues. Anders steht es mit der göttlichen Imputation – sie ist ein Schöpferwort, das dem, was nicht ist, ruft, daß es werde: dem Ungerechten, dem sie Gerechtigkeit zurechnet, eröffnet sie durch diesen Akt der Gerechtsprechung die Möglichkeit des Gerechtseins[41].

Gott sieht den Menschen als gerecht an – das ist nicht im Sinne eines scheinbaren, von Gott sozusagen aus pädagogischen Gründen vorgenommenen

---

[40] O. Weber, Grundlagen der Dogmatik, Bd. II, 1962, 346

[41] Vgl. den Artikel „Imputation" in RGG³, III, Sp. 695

Als-ob-Verfahrens zu verstehen, hinter dem das reelle Sündersein unversöhnt stehenbliebe. Es gibt zwar Formulierungen Luthers, die dieses Als-ob, das sich dann in Melanchtons Auslegung manifestiert hat, sehr nahelegen, zum Beispiel: „Peccator in re, iustus in spe." Das klingt so, als sei die Substanz der Person, ihr Wesen – als Sünder – in der Rechtfertigung unverändert —, und in der Tat liegt Luther daran, zu zeigen, daß nicht das Wesen der Person gerechtfertigt sei, weil jedes derartige Denken auf ein Haben der Gerechtigkeit verfällt, die doch nach Luther „fremd", nämlich zugesprochen, bleiben muß. Die Imputationstheorie wacht darüber, daß der Mensch niemals Gerechtigkeit „habe" als einen einmal erworbenen unveräußerlichen objektivierbaren Besitz. Ihr Grund, der bei Luther nicht ausgeführt, aber gemeint ist, ist also eine andere Anthropologie als die, die vom „Wesen" des Menschen ausgeht. Gott sieht die Person nicht substantiell, sondern relational an. In der Imputationstheorie handelt es sich um das – juristisch formulierte, existentiell gemeinte – Verhältnis des Menschen zu Gott, das hier als der einzige Grund der Existenz deklariert wird. Gott sieht den Menschen an, als ob er gerecht sei; dieses „als ob" steht nicht einer angeblich bekannten oder fixierbaren Realität gegenüber, sondern es macht die Realität. Es gibt nicht zwei Ebenen, eine des Seins, der Natur der Menschen, und eine des Angesehenwerdens. Vor Gott gilt vielmehr nur dies eine: wie er einen ansieht. So sehr ist der Mensch im Sinne der Imputationstheorie Gott ausgeliefert, daß nicht, was er „ist" oder „hat", gilt, sondern ausschließlich das, als was er angesehen wird.

Gott imputiert Gerechtigkeit, nicht so wie ein Lehrer einen pädagogischen Trick anwendet, indem er mit seiner Ansicht über den Menschen dessen reellem Sein vorauseilt, in der Gewißheit, daß solche Als-ob-Struktur nachträglich schon die reelle Gerechtigkeit bewirken werde, sondern Gottes Ontologie, wie Luther sie verstanden hat, ist anders: sie denkt nicht von Substanzen, sondern von der Relation aus. Gott glaubt an den Menschen, der in einer neuen, von Gott spontan und sola gratia gestifteten Beziehung nicht nur ein neuer sein kann, sondern neu ist. Darum kann die imputierte Gerechtigkeit (der „Trick") keine andere sein als die effektive, die neue Beziehung *ist* das neue Sein, ein anderes, habhafteres, substantielleres ist nicht vorgesehen.

Luther hat mittels der imputierten Gerechtigkeit ein Verständnis der Person ausgedrückt, an dem gemessen die Verrechnung der Leistungen – als satisfactio – tatsächlich unwichtig wird. Christi Übernahme der Sünde[42] ist die Anwendung dieser vollständigen Relationierung der Person. Christus versteht sich selbst als rein aus der Angewiesenheit lebend, er versteht sich rein so, wie Gott ihn an-

---

[42] „Ich hab' die Sünde getan, die Martinus getan hat", W. A. 40, I, 442

sieht. Was er ist oder hat, die Sündlosigkeit oder der Himmel, ist ihm nichts; wie Gott ihn behandelt, ist alles. Diese totale Auslieferung an das Urteil Gottes ist der Grund für die Stellvertretung, die Christus für uns leistet. Christus tut das für uns, wozu wir nicht fähig sind: er liefert sich Gott aus. Er tut dies vorläufig, damit wir es auch tun können.

5. Die Überwindung der moralischen Imputation durch Hegel

Nur sehr unvollkommen hat die lutherische Orthodoxie den personalen Ansatz Luthers bewahrt. Was er mit der imputierten Gerechtigkeit meinte, haben weder die Schwärmer und Wiedertäufer, die aus seiner Sache sittliche Leichtfertigkeit oder, theologisch geredet, „billige Gnade" entstehen sahen, noch auch Leute wie Melanchthon verstanden, der den forensischen Charakter solcher Imputation als eines im Himmel gesprochenen und wirksamen Urteils betonte. Die bei Luther zumindest angelegte Einheit von imputativer und effektiver Gerechtigkeit zerfällt, und während die Orthodoxie alles Gewicht auf die Imputation legt, die sie freilich immer einseitiger als Nichtanrechnung der Sünden, also negativ, versteht, fällt bei Thomas Müntzer alles Gewicht auf die effektive Gerechtigkeit, deren Ernst nicht zuläßt, daß der

Christ „auf Christi Kreide zeche". Stellvertretung Christi, als Begriff und auch als Sache, tritt mehr und mehr in den Hintergrund. Für die reformatorische Linke, die ja bald genug in den Untergrund der Sekten und Zirkel abgedrängt wurde, löst sich Stellvertretung in Nachfolge auf; die zum Sieg gekommene reformatorische Rechte fällt zurück in ein Verständnis der Leistung Christi als satisfactio[43]. Sehr bald schon ist Imputation nur noch moralisch-rechtlich – als Anrechnung oder Nichtanrechnung eines vorgegebenen Bestehenden –, nicht aber mehr theologisch als — neuschaffendes Wort — verstanden worden.

Solche moralische Nichtimputation zerstört aber die Person in ihrem sittlichen Kern, der Verantwortung meint, und sie ist darum mit Recht von der Aufklärung kritisiert worden, weil sie das personale Bewußtsein in eine gleichgültige Einerleiheit hinein nivelliert. Die göttlichen Anrechnungen mußten dem geläuterten sittlichen Bewußtsein als Rechtsverdrehung erscheinen, die sich aus einer prinzipiellen Irrationalität herleitete. Ist solche Imputation nicht nur Aufhebung, Negation der Moral?

Kein Wunder, daß das zurückgestellte Problem einer imputierten Gerechtigkeit in dem Augenblick wieder auftaucht, als die Aufklärung, auf ihrem Höhepunkt angekommen, kritisiert und schließ-

---

[43] Vgl. Artikel „Rechtfertigung" in RGG², IV, Sp. 1755 f.

lich überwunden oder aufgehoben wird: im deutschen Idealismus.

Hegel hat schon in den theologischen Jugendschriften und ihrer Auseinandersetzung mit jüdischer Positivität, aber später noch schärfer im dritten Teil seiner „Philosophie der Religion" gesehen, worin die Problematik einer Versöhnungslehre nach Kant besteht. Er behandelt da unter der Überschrift „Der Gottmensch und die Versöhnung" den Opfertod Christi im Gegensatz zu dem des Sokrates als „Akt der absoluten Genugtuung", aber dies in Auseinandersetzung mit einem juristischen Denkmodell, an dem sich Stellvertretung unmöglich orientieren könne. Denn die Grundlage der göttlichen Imputation könne nicht das Recht sein, in dem jeder für sich und sein Handeln allein einsteht. „Die allgemeine Einwendung gegen diese Vorstellung (ist), daß jeder einzelne für sich für seine Handlungen einstehen müsse, ein anderer nicht für ihn büßen könne, noch er dadurch Absolution erhalten könne. Das ist auf dem formell rechtlichen Standpunkt wohl der Fall, d. i. auf dem Standpunkte, wo das Subjekt als einzelne Person betrachtet wird."[44] Wo dieser Standpunkt des formellen Rechtes zugrundegelegt wird, den man als den Kantischen ansehen mag, aber der ja der des gesellschaftlichen Daseins der Moderne überhaupt ist, da bleibt auch die „Lehre von der

---

[44] G. W. F. Hegel, Sämtl. Werke, hrsg. von Lasson, Bd. XIV, 158

moralischen Imputation, wonach jedes Individuum nur für sich zu stehen hat, jeder der Täter seiner Taten ist"[45], erhalten. Ich „bin" mein Recht, ich „bin" meine Leistung. Der Tod Christi kann von hier aus nur als ein „fremdes Opfer" erfahren werden.

Von dem Standpunkt des sittlichen Bewußtseins aus kann es nur moralische Imputation, Zurechnung gemäß der Tat und ihrer Gesinnung geben. Jede andere Imputation, die Nichtanrechnung der Schuld um eines anderen willen, ist „fremd", „ein anderer (ist) gestraft worden, damit Strafe gewesen sei, Leben negiert, Anderssein aufgehoben" worden sei[46]. Die moralisch begriffene Imputation kann nur, so scheint es zunächst, theologisch suspendiert werden um den Preis der Aufhebung der Person als verantwortliches Wesen.

Das bedeutet aber, daß sich ein juristisches Verständnis der Stellvertretung, das auf solcher Imputation der Gerechtigkeit Christi beruht, noch keineswegs über das magische erhoben hat, es ist nur der rationalisierte Ausdruck der gleichen Sache, die nicht mehr nachvollzogen werden kann, wenn jeder der Täter seiner Taten ist. Hegel nennt diesen Ort, wo das Subjekt „als einzelne Person steht", „das Feld der Endlichkeit". In ihm gilt unabänderlich: „Ohnehin stirbt jeder für sich selbst

---

[45] a. a. O., S. 172

[46] a. a. O., S. 160

und jeder muß für sich selbst aus seiner eigenen Subjektivität und Schuld das sein, leisten, was er sein soll."[47] Es liegt für Hegel alles daran, diese Subjektivität des Rechtsbewußtseins, der Schuldübernahme und der Verantwortung nicht magisch oder mittels einer juristischen Theologie zuschanden zu machen. Der naive, bloß vormoralische Austausch wäre ihm keine Antwort. Wenn Christus uns erlöst um den Preis unseres sittlichen Bewußtseins und unserer Verantwortlichkeit, so haben diejenigen recht, die solchen Geschenken gegenüber die Hölle vorziehen.

Wie kann aber dann eine „absolute Genugtuung" gedacht werden? Hegel antwortet mit dem Hinweis auf „das Schicksal Christi", das der moralischen Imputation aufs schärfste widerspreche. „Mit dem Tode Christi beginnt aber die Umkehrung des Bewußtseins"[48], als eines nur moralischen nämlich. In der Versöhnung reflektiert der Mensch in einer anderen Weise auf sich selber, als dies vorher, solange er unter den Prinzipien von Leistung und Recht verknechtet und in Hegels Sinn verendlicht war, möglich sein konnte. Die neue Anthropologie hat das Feld der Endlichkeit, wo das Subjekt als einzelne Person steht und als unvertretbar und autark sowohl sich wie anderen gilt, hinter sich gelassen. Die Umkehrung des Bewußtseins

---

[47] a. a. O., S. 160

[48] a. a. O., S. 169 f.

findet da statt, wo der Mensch seine Unersetzlichkeit nicht mehr nur in der Leistung gründet.

Der Geist „kann das Geschehene ungeschehen machen", weil er „als frei gewußt, als affirmativ in sich selbst" ist und die Kraft hat, die „Qualitäten" zu ändern und das Feld des Endlichen zu verlassen. Der Mensch ist nicht nur das, was er tut oder getan hat; in seinem Wesen – oder mit Hegels Ausdruck „als Geist" – ist er Relation zum Geist, und seine Kraft, das Feld des Endlichen zu verlassen, wäre mißverstanden, wo sie sich als bloße selbstgemachte Anstrengung der Subjektivität, die sich am eigenen Zopf aus dem Sumpf zöge, begriffe. Der Geist ist, sich verwirklichend, die Anerkennung des neuen Seins, das nicht mehr aus der Substanz seiner Taten, sondern aus der Relation zum Geist selber, die Hegel „Entäußerung" nennt, lebt.

Mit andern Worten: wenn Gott ist, so kann es sich beim Menschen „nicht um Moralität... überhaupt nicht um Denken und Wollen des Subjekts in sich und aus sich" handeln. Moralität und Subjektivität erscheinen als „Standpunkte" der unversöhnten subjektivistischen Endlichkeit. „Gott" hat innerhalb dieses Standpunktes nichts zu suchen, wenn der einzelne tatsächlich „für sich" ist. Das Interesse der Religion aber „ist ein unendliches Verhältnis zu Gott, zum gegenwärtigen Gott, die Gewißheit des Reiches Gottes, eine Befriedigung nicht innerhalb der Moralität, Sittlichkeit, Gewissen, sondern eine solche, außerhalb deren nichts

Höheres ist, das Verhältnis zu Gott selbst"[49]. Die Tat und die Schuld des einzelnen, das fixierte Vergangene kann nicht stärker sein – als Gott.

Demnach wäre moralische Imputation die Leugnung des Gottes, „der das Geschehene ungeschehen machen kann", sie wäre ein borniertes Verharren auf dem Felde der Endlichkeit, die die Beziehung des Menschen auf etwas anderes, sein Sein auf jemanden hin verblendet übersieht. Wird ihm sein Sein auf jemanden hin, das Sein in Relation wichtiger als sein Gewordensein und seine Taten, so ist auch sein Interesse nicht mehr nur das für sich selbst einstehende Gewissen. Gott ist in der Tat größer als unser Herz und sein moralisch-rechtlicher Standpunkt. Das Bewußtsein erhebt sich auf den Standpunkt des Geistes und teilt von nun an die Interessen Gottes, die ihm mehr wert sind als die eigenen. Die Imputation der Gerechtigkeit Christi zu unseren Gunsten beruht auf „dem Geist", dessen Leben unser Leben ist, das nun nicht mehr auf sich selber steht und allein bleiben kann.

So gründet sich Imputation für Hegel in der einzigen und unaufgebbaren Voraussetzung seiner Philosophie: dem Geist. Dieser kann als unendlicher nicht seine Begrenzung am endlich-faktischen Menschen erfahren. Diese Grundgegebenheit ist aber explizit gesagt und offenbar geworden erst in Christus, oder genauer: in seiner durch Leiden

---

[49] a. a. O., S. 170

und Auferstehung geleisteten „Genugtuung". Der Übergang vom bloßen Menschen zum Gottmenschen vollzieht sich im Bewußtsein der Gemeinde, sie kommt „zur Gewißheit der Vereinigung, der Einheit der göttlichen und menschlichen Natur". Jesus hat die Versöhnung Gottes mit der Welt offenbar gemacht, er hat nicht Gottes Zorn beschwichtigt oder seiner Ehre genuggetan, sondern – gut paulinisch – „die Geschichte der Erscheinung Gottes" besteht nach Hegel darin, „daß Gott sich gezeigt hat als mit der Welt versöhnt zu sein, daß eben das Menschliche ihm nicht ein Fremdes ist, sondern daß dies Anderssein, dies sich Unterscheiden, die Endlichkeit, wie es ausgedrückt wird, ein Moment an ihm selbst ist, aber allerdings ein verschwindendes"[50]. Das „verschwindende Moment" an Gott oder, wie Hegel sagt, „diese Menschlichkeit in Gott" zeigt uns in ihrem Anderssein, in ihrer Entfremdung die ewige Geschichte, die Gott selbst ist, seine Selbstunterscheidung „und das Aufheben dieses Unterschiedes". Gott ist diese Selbstunterscheidung und deren Aufhebung in der Versöhnung. Diese Rückkehr der Liebe ist der Geist. Jesus zeigt uns die Versöhnung als die Selbstbewegung Gottes, aber dies nicht nur lehrend, so daß die Versöhnung ein außer ihm seiender Inhalt wäre, sondern eben sterbend offenbart er die Versöhnung Gottes im Anderssein, in der

---

[50] a. a. O., S. 173

Entfremdung des Menschlichen, die ihren wesentlichen Ausdruck im Tode findet. Die Imputation der Gerechtigkeit Christi, vergangener und verrechtlichter Ausdruck, wird in Hegels Denken aufgehoben: Als Möglichkeit moralischer Imputation schon von Kant erledigt, bleibt sie inhaltlich erhalten als die Versöhnung Gottes mit seinem Anderssein, als Aufhebung der Endlichkeit ins Unendliche.

6. Das inklusive Verständnis

Zwei Dinge sind es, die dieses Hegelsche Verständnis der Stellvertretung Christi auszeichnen: einmal die theologische Suspension der Moral, die bei der Gründung der Person in ihren Relationen ansetzt, und zum zweiten das inklusive Verständnis von Stellvertretung. Es war Marheineke, der die Hegelsche Auffassung als inklusiv gegenüber der älteren exklusiven abhob.

Auch in Schleiermachers Versöhnungslehre ist der Begriff der Stellvertretung streng inklusiv verstanden. Versöhnung wird hier von der Erneuerung des Lebens aus gedacht, Jesus ist das Urbild der gottunmittelbaren Menschlichkeit, in ihm, das heißt in der Lebensgemeinschaft mit Christus, wird die Menschheit dessen inne, was sie sein kann, woraus sie leben kann, die „stetige Kräftigkeit seines Gottesbewußtseins, welche ein eigentliches

Sein Gottes in ihm war"⁵¹. Darin repräsentiert er die ihrer Ganzheit innewerdende Menschheit, und die stellvertretende Genugtuung, die er dabei leistet, ist „sehr leicht mißzuverstehen, aber gewiß nicht gründlicher zu verteidigen ohne die Voraussetzung eines gemeinsamen Lebens". Dieses gemeinsame Leben, das für Schleiermacher dem hohenpriesterlichen Amt Christi zugehört, verbietet den exklusiven Gedanken der Stellvertretung – „als ob wir dadurch der Erfüllung desselben entbunden wären, indem ja die höchste Leistung Christi darin besteht, uns so zu beseelen, daß eine immer vollkommenere Erfüllung des göttlichen Willens auch von uns ausgeht (Joh. 15, 2. 5. 8. 11)"⁵².

Durchgeführt findet sich diese Unterscheidung von inklusiver und exklusiver Vertretung dann in A. Ritschls Versöhnungstheologie. Ritschl grenzt sich von jener Tradition ab, die Christus mit Hilfe der alttestamentlichen Personaltypen zu erfassen versucht. Geht man von den drei Ämtern Christi als Prophet, Priester und König aus (ein System, das seinen ersten Zeugen in Eusebius von Cäsarea haben soll, aber erst seit der Reformation wirksam geworden ist), so erscheint die Stellvertretung Christi innerhalb des munus sacerdotale, die in der Dogmatik der lutherischen Orthodoxie in

---

[51] F. Schleiermacher, Der christliche Glaube, 1831², § 94

[52] a. a. O., § 104

zwei Funktionen unterteilt wird: Genugtuung (satisfactio) und Fürbitte (intercessio).

Aber die hierbei mitgedachte heilsgeschichtlich präfigurierte Gestalt des Priesters, der im Versöhnungsopfer das Heil verwirklicht, verführt wie keine andere zum exklusiven Denken. Nur der Priester, der Geweihte, darf Gott nahen, nur er kann bestimmte Tabugrenzen überschreiten. Er tut dies stellvertretend für seine Kultgemeinde, sie kann nicht vollbringen, was er tut, ihre Mitwirkung ist ausgeschlossen. Von diesem allgemeinen religionsgeschichtlichen Hintergrund hebt sich der biblische Befund, wie Ritschl ihn sieht, scharf ab. „Unbiblisch ist die Annahme, daß irgendeines der alttestamentlichen Opfer, nach deren Analogie der Tod Christi beurteilt wird, auf die Umstimmung Gottes vom Zorn zur Gnade angelegt sei ... Unbiblisch ist die Annahme, daß die Opferhandlung einen Strafakt in sich schließe, dem nicht der Schuldige, sondern das seine Stelle vertretende Opfer unterläge. Die Stellvertretung durch Priester und Opfer hat überhaupt keinen exklusiven, sondern inklusiven Sinn. Weil der Priester Gott naht, indem er ihm die Gabe nahebringt, so stellt er diejenigen vor Gott dar, für welche er handelt; es ist aber nicht gemeint, daß, weil der Priester und das Opfer Gott nahe kommen, die andern Gott fernbleiben mögen."[53]

---

[53] A. Ritschl, Die Christliche Lehre von der Rechtfertigung und Versöhnung, Bonn 1883³, Bd. IIJ, 446

Und was für den Alten Bund gilt, ist für den Neuen um so verbindlicher: Die Ablehnung der exklusiven Stellvertretung ist ähnlich gefaßt wie die Hegels gegenüber der „fremden Imputation". Versöhnung wird uns nicht übergestülpt wie ein neuer Hut, sondern sie ist, gerade als imputatio gefaßt, ein Andersangesehenwerden, das ein Anderssein bewirkt. Stellvertretende Versöhnung initiiert Verwandlung. Wenn Luther die imputierte Gerechtigkeit nicht von der effektiven, beide aber sehr wohl von der eigenen, selbstgeleisteten zu unterscheiden wußte, so hat auch er Stellvertretung „inklusiv" gedacht, er, dem man den theologischen Vorwurf des Synergismus wohl schwerlich machen kann. Nicht daß Christus exklusiv „ohne uns" handelt und leidet, sondern daß wir in ihm sind, handeln und leiden, ist das Entscheidende. Verwunderlich bleibt, weshalb man Ritschl eben wegen der inklusiven Stellvertretung immer wieder den Vorwurf des Synergismus gemacht hat. „Sichert sich Christus durch den bezeichneten Gehorsam seine Nähe, seine priesterliche Stellung zu Gott, so ist darin auch die Absicht eingeschlossen, daß die vorhandene wie zukünftige Gemeinde eben dahin gelange. Das heißt, Christus ist als Priester der Vertreter der Gemeinde, die er in der vollendeten Durchführung seines Personlebens zu Gott führt. Diese Anwendung der Stellvertretung ist inklusiv gemeint, nicht, wie es gewöhnlich geschieht, exklusiv. Der Sinn dieses Gedankens ist nicht: was Christus als Priester tut, braucht die Gemeinde nicht auch zu tun; sondern vielmehr: was Christus als Priester an der Stelle und als Repräsentant der Gemeinde ihr voraus tut, darin hat demgemäß die Gemeinde ihre Stellung selbst zu nehmen."[54]

Tatsächlich führt eine exklusiv verstandene Stellvertretung zu einem verkleinernden Mißverständnis beider, der Versöhnung und der Verantwortung: Versöhnung wird aus einem erfahrenen personalen Ereignis zum objektiven Faktum, das man zur Kenntnis zu nehmen hat; Verantwortung schmilzt dahin unter der Sonne der billigen Gnade. Leicht läßt sich in exklusiver Stellvertretung die Tendenz zum totalen Ersatz erkennen – wer exklusiv vertritt, will den Vertretenen faktisch ersetzen.

Wie ist demgegenüber die inklusive Stellvertretung bei Ritschl gemeint? Daß sie nicht synergistisch sei, wenn anders man das Dasein nicht als solches „synergistisch" nennen will, solange es nicht tot ist, haben wir schon gesehen. Die recht verstandene inklusive Stellvertretung schließt das richtige Moment, das im Gedanken exklusiver Stellvertretung steckt, ein, nämlich, daß nicht wir es sind, die „die Aufhebung ihrer Trennung von Gott als die Aufhebung ihres mit Mißtrauen ver-

---

[54] a. a. O., S. 515

bundenen Schuldgefühls"[55] leisten. Gott handelt, die Welt mit sich selber versöhnend. Wäre unser Mitwirken aber für immer ausgeschlossen, wie ein streng exklusives Denken annehmen muß, so wäre Versöhnung nicht „effektiv", wie Ritschl sicher in Anspielung auf den reformatorischen Begriff der iustitia effectiva sagt. Die „effektive Verbindung mit Gott ist also als die Vergebung ihrer (scil. der Gemeinde) ... zu denken"[56].

Obwohl Ritschl so klar ausspricht, daß die Aufhebung der Trennung von Gott Gottes Werk, sein Tun allein ist, konnte er immer wieder im Sinne einer Ethisierung des Evangeliums oder in dem eines Synergismus mißverstanden werden. Das hat seinen Grund darin, daß er Stellvertretung zwar in einem strengen, alle Magie und allen Ersatz ausschließenden Sinne personal versteht, Zeitlichkeit aber, ihr anderes Strukturelement, übersieht. Formal gesehen beschreibt er die stellvertretende Versöhnung immer nur negativ in dem, was sie nicht ist: Mißtrauen, Schuldgefühl und Trennung. Aber diese Aufhebung, diese Negation der Negation ist ein Anfang, nicht mehr. Das wahrhaft Inkludierte, nämlich daß Christus uns stellvertretend Zeit läßt, ist hier nicht im Blick. Die uns ermöglichte Zukunft verschwindet in einem Reich Gottes, das nur mehr bürgerliche Sittlichkeit meint.

---

[55] a. a. O., S. 515
[56] a. a. O., S. 515

7. Das objektivistische Verständnis bei Karl Barth

Immerhin hat Ritschl, wie in anderer Tiefe vor ihm Hegel, die Möglichkeiten einer personalen, nicht-ersetzenden Stellvertretung gesucht. Obwohl er Versöhnung konsequent auf die Gemeinde bezieht, hat er nicht daran gedacht, den unersetzlichen einzelnen und sein unverwechselbares Er-selbst-Sein zu nivellieren. Das Personale findet zwar hier noch keineswegs die ihm angemessene Begrifflichkeit, aber doch sozusagen einen Unterschlupf im Ethischen. Theologisch gerettet bleibt damit das Recht der idealistischen These vom unersetzlichen einzelnen; vermieden bleibt — vor der großen Restauration der dialektischen Theologie – jener peinliche Eindruck, daß es sich in Christus um einen Ersatzmann handele, den Gott, einem ungeduldigen Chef vergleichbar, eingestellt hat, als wir nicht funktionierten. Diese Vorstellung ist ebenso absurd wie die ältere von dem Prügelknaben, den Gott nötig hat.

Ein berühmtes Wort des Paulus variierend, läßt sich sagen: „Ich unersetzlicher Mensch! Wer wird mich vertreten?" Daß solche Unersetzlichkeit und das Verlangen nach ihr leicht als Leistungsqualität mißverstanden wird, ist kein Grund, sie zu negieren. Es ist darum theologisch gar nichts gewonnen, wenn „Jesus Christus für uns" proklamiert wird, die Vertretenen selber aber zu puren Nullen werden, nach deren Identität nicht mehr gefragt werden darf. Karl Barth hat (in KD IV, 1) unter der Überschrift „Jesus Christus, der Herr als Knecht" entwickelt, was er unter Stellvertretung versteht. Der Gehorsam des Sohnes Gottes wird da als Stellvertretung für uns beschrieben. Dem christozentrischen Ansatz Barths entsprechend, wird alles Gewicht darauf gelegt, daß das, was „für uns geschehen ist..., ohne uns geschehen"[57] ist, das heißt, daß „alle Selbsthilfe des Menschen ausgeschlossen" ist (276). Die Stellvertretung Christi ist gültig, unabhängig vom Nach- und Mitvollzug der Vertretenen. Christus ist „an unserer, an vieler Menschen Stelle getreten, um daselbst ... ohne unsere Mitwirkung, in unserer Vertretung, in unserem Namen und so gültig und kräftig für uns zu handeln" (252). Die neutestamentlichen Präpositionen (antí, hypér, perí) reden entsprechend „von einem Ort, der eigentlich der unsrige ist, den wir also eigentlich einnehmen müßten; eben von diesem unserem Ort sind wir aber zunächst entfernt; eben an ihm steht nun ein anderer; eben dieser andere handelt nun an diesem unserem Ort, so wie nur er es kann, in unserer Sache, zu unseren Gunsten; eben zu dem, was er dort tut, haben wir schon darum nichts hinzuzufügen, weil unser Ort, wo solches in Frage kommen könnte, durch ihn besetzt ist..." (253). Es ist Barths Tendenz, die Stellvertretung zu objektivieren und sie als ein Faktum anzusehen, das

---

[57] K. Barth, Kirchliche Dogmatik, IV 1, 275 u. ö.

unabhängig ist von der Zustimmung oder dem Willen der Vertretenen, als ein „in sich sinnvolles Ereignis" (253), als eine Sache, die „radikal und total" gilt. Diesem radikalen Verständnis entsprechen stilistische Wendungen, die eine Differenzierung von Stellvertretung und Ersatz vermissen lassen. Unser Ort ist von Christus „besetzt" (253), ich wurde durch Christus „relegiert" und in einen andern Raum „versetzt" (256), es ist von meiner „Absetzung" die Rede (256) und davon, „daß wir von ihm verdrängt sind" (260). Besetzen, absetzen, verdrängen gehören in den Bereich des Ersatzes. Barth identifiziert Stellvertretung mit Ersatz und macht Christus, im Zuge seiner objektivierenden Tendenz, zu einem Ersatzmann. Das durch die Stellvertretung gesetzte Verhältnis zwischen Christus, dem Vertreter, und uns, den Vertretenen, ist nicht personal gedacht. Derjenige, der meine Stelle besetzt, statt sie mir frei zu halten, der mich verdrängt, statt auf mich zu warten, der total und radikal ohne mich für mich handelt, braucht in der Tat weder meine Einwilligung noch auch nur meinen unausgesprochenen, vielleicht im Zustand meiner Unmündigkeit gar nicht aussprechbaren Wunsch. Er braucht keine Beziehung zu mir, da er mich als einen zu Ersetzenden ansieht – also als unbrauchbar, unfähig oder tot. Aus meiner zeitweiligen Unmündigkeit, Ohnmacht und Schwäche leitet er meine totale Unmündigkeit ab. Die Totalität der Stellvertretung, als ihrem Wesen zuwiderlaufend, impliziert die Entmündigung des Menschen.

Willenlos, nämlich ungeachtet, ob wider oder mit seinem Willen, wird der Entmündigte vertreten. Als Beispiel für die Stellvertretung Christi kann Barth Barabbas (nach Markus 15, 6–15) anführen. „Es steht der anstelle des Barabbas zur Kreuzigung verurteilte Jesus hier, der zu Jesu Ungunsten freigesprochene Barabbas aber dort: er wird nicht gekreuzigt und hat auch zu seiner eigenen in dem über jenen anderen gesprochenen Urteil vollzogenen Befreiung wirklich nichts beigetragen" (253).

Demnach braucht in der Tat zwischen dem Vertreter und dem Vertretenen, zwischen Christus und Barabbas, keine Beziehung zu bestehen. Niemand wird dem biblischen Text entnehmen können, daß Christus „für Barabbas" gestorben sei, etwa um dessen Leben zu retten, so wie der Freund in Schillers Bürgschaft für den Tyrannenmörder sterben will. Es ist vielmehr das Volk, das in Christus einen willkommenen Ersatzmann für Barabbas sieht. Aber die Kategorie der Stellvertretung läßt sich eben nicht kausalmechanisch anwenden, wo und aus was für Gründen auch immer einer einen anderen remplaciert. Wer Stellvertretung so weit entpersonalisiert, läuft Gefahr, sie zu einem zufälligen Treffer zu machen, der Barabbas traf, die Schächer am Kreuz aber nicht. Ist Christus „für sie" weniger gestorben? Ist es möglich, das „für" eines Tuns in dieser Weise zu abstrahieren? So entscheidend in der Tat das von Barth betonte „ohne uns" ist, so hilflos tatsächlich jeder, der einen Stellvertreter braucht, in eigener Sache ist, sowenig läßt sich doch diese Hilflosigkeit und Ohnmacht verabsolutieren, ohne zugleich der Verdinglichung des Menschen Vorschub zu leisten. Die hier Vertretenen sind nichts als ersetzbare Steinchen im Schachspiel Gottes. Der Offenbarungspositivismus bestätigt auf merkwürdige Weise den ordinären Positivismus, der im einzelnen nicht mehr als ein ersetzbares Maschinenteilchen zu sehen vermag.

Fragt man nach den philosophischen Vorentscheidungen, die hier gefällt worden sind, so fällt wiederum auf, daß das fehlt, was wir bei der Unterscheidung von Stellvertretung und Ersatz als eine differentia specifica fanden: der Horizont der Zeit. Stellvertretung sieht den Menschen unter dem Aspekt der Zeit an, sie läßt ihm, dem jetzt Unmündigen, Zeit frei. Ersatz dagegen ist ein am Raum orientierter Begriff. Im Raum ist es so, daß ein Ding durch ein anderes ersetzt werden kann, in der Zeit ist es möglich, einen durch einen anderen zu vertreten. Es ist daher nur konsequent, wenn Barths Schlüsselwort für die Darstellung der Stellvertretung Christi der „Ort" des Menschen ist. „Indem er sich an unsern Ort stellt, wird darüber entschieden, welches dieser unser Ort ist" (264). Gewiß, Christus qualifiziert den Ort des Menschen als den der Sünde; im Vollzug seiner Stellvertretung wird der Mensch als Sünder offenkundig, als einer, der

Richter sein will und in Wahrheit gerichtet wird. Christus überführt den Menschen als den, der er ist, indem er „als der gerechte Mensch unter uns gewesen (ist) und als solcher für uns gelebt und gehandelt hat" (283). Aber diese Ortsbestimmung ist ein Zweites, Nachträgliches, gemessen an dem, was Christus vornehmlich an uns tut: daß er uns nämlich Zeit gibt, neue, wirkliche Zeit zum Leben, die seine Stellvertretung uns eröffnet.

8. Die Dialektik von Angewiesenheit und Verantwortung (Auseinandersetzung mit Dietrich Bonhoeffer)

Barths Interesse liegt auf jenem Ohne-uns/Für-uns, das Angewiesenheit verabsolutiert auf Kosten von Unersetzlichkeit und Verantwortung. Angewiesen, so scheint es in dieser Konstruktion, sind wir auf Gott, Verantwortung tragen wir nur für die Welt. Vor Gott brauchen wir Stellvertretung – vor der Welt sind wir selber Vertreter der Unmündigen. Es ist aber noch die Frage, ob die Dialektik von Angewiesenheit und Verantwortung nicht mißverstanden ist, wenn man sie auf „Gott" und Welt verrechnet.

Sind wir denn von der Welt unabhängig? Brauchen wir hier keine Stellvertretung? Ein solches allzu simples Schema ist an einer theistischen Gottesvorstellung orientiert, denkt sozusagen vom „Deus nudus" aus, dem wir unmittelbar gegenüberständen und der unsere Sache in Ordnung bringt, damit wir nun auch die der Welt gestalten können. Mit Gott im Rücken meint man, Verantwortung für die Welt übernehmen zu können. Aber Gott ist nicht „im Rücken", sondern „vor" uns, und wer angewiesen ist und die Erfahrung der Hilflosigkeit macht, der kann nicht zuvor eine Unabhängigkeitserklärung abgeben, um dann seine Angewiesenheit auf das, was er Gott nennt, zu beschränken. Und die Welt ist nicht nur Gegenstand unserer Verantwortung, Material unserer Pflicht; wer so denkt, muß Erlösung außerhalb dieser Welt ansiedeln. Wenn Barth Stellvertretung als pures Angewiesensein ohne Verantwortung denkt, so scheint mir die entgegengesetzte Gefahr, nämlich Verantwortung ohne Angewiesenheit zu denken, charakteristisch für den anderen wichtigen theologischen Versuch unseres Jahrhunderts, den Begriff der Stellvertretung aufzuwerten, den Versuch Dietrich Bonhoeffers.

Sieht man vom Erstlingswerk „Sanctorum communio" (1929) ab, in dem Stellvertretung in einem engen theologischen Sinn „als Schuld und Strafstellvertretung im prägnanten Sinne"[58] gefaßt ist und ausschließlich am Verhältnis Christi zu uns diskutiert wird, so bewegen sich die Überlegungen Bonhoeffers aus seiner späteren Zeit streng im Be-

---

[58] D. Bonhoeffer, Sanctorum communio, München 1954, 106

reich der Ethik. In der mehr als ein Jahrzehnt später verfaßten und Fragment gebliebenen „Ethik" hat der Begriff eine neue Weite bekommen, er spielt nun eine wichtige Rolle bei der „Struktur des verantwortlichen Lebens". Bonhoeffer geht es zunächst darum, den individualistischen Ansatz in der Ethik aufzuheben. Er spricht „von der Fiktion, als sei das Subjekt alles ethischen Verhaltens der isolierte einzelne"[59]. „Verantwortlichkeit ist eine Realität, die mit dem menschlichen Dasein, als gesellschaftlichem, gegeben ist. Darin macht es keinen Unterschied, in welchem Umfang Verantwortung getragen wird, ob für einen einzelnen Menschen, ob für eine Gemeinschaft oder für ganze Gemeinschaftsgruppen. Kein Mensch, der der Verantwortung und das heißt der Stellvertretung überhaupt entgehen könnte. Selbst der Einsame lebt stellvertretend für den Menschen schlechthin, ja er lebt in qualifizierter Weise, da sein Leben stellvertretend für die Menschheit gelebt wird."[60] Allerdings versucht Bonhoeffer nicht, diese Struktur anthropologisch zu fassen, sondern er begründet sie von vornherein christologisch: „Weil Jesus – das Leben, unser Leben – als der menschgewordene Sohn Gottes stellvertretend für uns gelebt hat, darum ist alles menschliche Leben durch ihn wesentlich stellvertretendes Leben ... Weil er das

---

[59] D. Bonhoeffer, Ethik, München 1958, 174

[60] a. a. O., S. 174

Leben ist, ist durch ihn alles Leben zur Stellvertretung bestimmt."[61]

Diese christologische Begründung bleibt uneinsichtig, sie ist pure Setzung eines Fürwahrzuhaltenden. Phänomenologisch müßte es heißen, daß, weil alles Leben auf Stellvertretung aus ist und ohne sie zum toten Ersetzbaren erstarrt, Christus, dies erfüllend, tatsächlich „das Leben" ist. Bonhoeffer denkt nicht von unten nach oben, von der anthropologischen Wirklichkeit aus zum christologischen Ereignis hin, er hat vielmehr solches Denken als „religiös" disqualifiziert. Das ist nicht nur methodisch sonderbar, weil damit für die Theologie Vorleistungen einer bestimmten Gläubigkeit gefordert werden, es führt auch zu inhaltlichen Schwierigkeiten. Stellvertretung verschmilzt nämlich bei Bonhoeffer mit Verantwortung, und ihre andere Seite, das Problem der Angewiesenheit auf einen Stellvertreter, ein spezifisch „religiöses" Problem, wird übersehen. In jener Nachfolge Christi, die darin besteht, für die Welt dazusein „in der vollkommenen Hingabe des Lebens an den andern Menschen"[62], ist Stellvertretung Leben des eigentlichen Lebens.

Angewiesenheit als ihr notwendiges Korrelat entfällt, und die Ethik der verantwortlichen Stellvertretung muß sich dogmatisch gründen – weil Chri-

[61] a. a. O., S. 175
[62] a. a. O., S. 175

stus uns vertritt, darum ist unser Leben zur Stellvertretung bestimmt —, oder aber sie fällt in sich selbst zusammen. Es ist aber noch die Frage, ob eine religionslose Interpretation des Christentums, wie Bonhoeffer sie mit Recht gefordert hat, Stellvertretung nur im Bereich der Ethik gelten lassen kann. Ob nicht im einseitigen Denken der Stellvertretung als Verantwortung, das einer undialektisch verstandenen Oben-unten-Struktur zugehört, in der „oben" die Verantwortlichen, „unten" die Unmündigen, Angewiesenen sind und bleiben, ob nicht in einem solchen Denken gerade das unterschlagen wird, was die Hoffnung aller Vertretenen und das Ziel aller Vertreter ist: die Selbstaufhebung der Stellvertretung.

Denn um der Identität, der immer noch gesuchten, willen muß die Verantwortung der Vertretenden sich annullieren an der Antwort derer, für die sie zeitweilig sprachen. Eine personal begriffene Stellvertretung ist ohne Vorläufigkeit und Zeitlichkeit nicht denkbar. Von seiten derer aber, die *nur* verantwortlich sind, wird die Vorläufigkeit allzu leicht aus dem Blick verloren. So ist das Interesse der Vertretenen ständig bedroht vom Umschlagen der Verantwortung in „Vergewaltigung und Tyrannei"[63]. Diese Gefahr, daß der Verantwortliche das eigene Handeln verabsolutiert, hat Bonhoeffer sehr scharf erkannt und darum versucht, Verant-

---

[63] a. a. O., S. 175

wortung zu begrenzen auf zwei Weisen: durch den Nächsten, der zu eigener Verantwortung fähig ist oder doch fähig sein wird – und durch Gott, dem das letzte Urteil über die Taten und ihre unvorhersehbaren Erfolge vorbehalten bleibt. Diese Begrenzung, die Bonhoeffer „Wirklichkeitsgemäßheit"[64] nennt, soll die Verantwortung davor schützen, zur Manipulation zu werden, sie soll die Stellvertretung vom Ersatz abgrenzen. Es kann keine „absolute Vertretung"[65] geben, die ohne Grenzen wäre.

Aber lassen sich solche Grenzen tatsächlich gegenständlich – an Gott, am Nächsten – abstecken? Zeigt sich hier nicht, wie Stellvertretung als bloße Verantwortung zu kurz gedacht ist, weil Verantwortung die Aspekte der Vorläufigkeit und der Abhängigkeit vom Verantworteten ausschließt? Kann nicht auch der Verantwortliche den ihm Überantworteten als einen Toten behandeln und ersetzen? Diese Schwierigkeit wird dort offenbar, wo Bonhoeffer Kirche und Welt in eine Beziehung zueinander bringt, eine Beziehung, die er „doppelte Stellvertretung"[66] nennt. Die Gemeinde „steht an der Stelle, an der die ganze Welt stehen sollte", sie dient der Welt als Mittel und Werkzeug der Verkündigung. Zugleich aber kommt die

[64] a. a. O., S. 176 ff.
[65] a. a. O., S. 182
[66] a. a. O., S. 233

Welt in der Gemeinde zu ihrer eigenen Erfüllung, sie ist „zum Ziel und Mittelpunkt alles Handelns Gottes mit der Welt geworden"[67]. Auch hier wird also die Vorläufigkeit der Kirche konsequent übersehen, weil ihre Stellvertretung nur Verantwortung ist und nicht sich selbst aufhebende Vorläufigkeit. Eine ungebrochene Linie der stellvertretenden Übernahme von Verantwortung führt hier von Gott über Christus über Gemeinde zur Welt. Daß diese Linie, unter dem Aspekt der Verantwortung, zugleich eine hierarchisch gedachte Rangordnung enthält, ist evident. Übersehen ist, daß Gott sich abhängig macht, so daß Verantwortung nicht nur von oben nach unten verläuft, sondern umgekehrt: daß die Welt tatsächlich Gott verantwortet.

Es rächt sich hier, daß Bonhoeffer die Struktur der Angewiesenheit, von der ja auch die Gemeinde nicht ausgenommen ist, übersehen hat. Denn diese Struktur ist in ihrer Vorläufigkeit gerade das wachbleibende Bewußtsein vom futurisch verstandenen Eschaton, das die Kirche vor sich selber und der eigenen Absolutsetzung schützt. Die Gemeinde vertritt zwar die Welt, aber sie ist zugleich auf sie angewiesen, und sie ist nicht ihr Kulminationspunkt — als ob das gemeindlich-kirchliche Dasein empirisch alles wäre, worauf die Hoffnung der Welt ginge! Stellvertretung ist nicht von aller

---

[67] a. a. O., S. 233

Eschatologie abgelöst zu denken, wie Bonhoeffer es will, wenn er sie nur als Verantwortung ausdrückt. Nur die eschatologisierte, die vorläufige Stellvertretung bewahrt die Würde der ihr Anvertrauten, und nur in ihrem Bewußtsein kann es gelingen, die echte Verantwortung vor selbstzufriedener Überlegenheit zu schützen.

Denn die Kirche steht zur Welt nicht nur im Verhältnis des „Dienens", das auf vertrackte Weise auch da oben bleibt, wo es sich unten zeigt oder glaubt. Eine Kirche, die immer nur dient und dabei ständig die Angelegenheiten der Welt verantwortet, ist unfähig zum Dialog mit der Welt. Sie „braucht" die Welt nicht, es sei denn als Missionsobjekt. Weil sie nicht angewiesen ist auf die Welt, darum kann sie keine Solidarität entwickeln. In einem echten Dialog müßten die Umgangsformen der „Weisung", des Rats, der Seelsorge wegfallen oder sich verändern. Denn alle diese Formen implizieren noch immer versteckte Herrschaftsansprüche, auch und gerade wenn sie sich Verantwortung und Dienst nennen. Wirkliche Stellvertretung enthält eine viel tiefere Abhängigkeit und Angewiesenheit, als das Dienen je erreicht. Die kirchenpolitische Entwicklung der Jahre nach dem Zweiten Weltkrieg zeigt, wie gefährlich Bonhoeffers Ansatz mißverstanden, wie schnell Dienen zu einer raffinierten Form von Herrschen wurde.

Zur Stellvertretung gehört Eschatologisierung. Stellvertretung wird gelebt, das heißt beides, erwartet und geleistet, in der Hoffnung auf den neuen Himmel und die neue Erde. Das heißt aber immer in der Hoffnung darauf, daß sie sich selbst auflöse. Stellvertretung bewahrt in sich das Bewußtsein der Nichtidentität, der Distanz. Sie ist die übernommene Differenz – von Identität und Nichtidentität, von Heimat und Selbstentfremdung, von „Gott" und Welt.

Der Stellvertreter

ENTWURF
EINER NACHTHEISTISCHEN THEOLOGIE

„Jésus sera en agonie jusqu'à la fin du monde:
il ne faut pas dormir pendant ce temps là."
                                            Pascal[68]

---

[68] B. Pascal, Pensées, ed. Brunschvicg, Nr. 553

1. Einleitung

Wer bin ich? Wie erlange ich Identität? Fast sieht es aus, als hätten wir die Frage aus den Augen verloren über der theologischen Untersuchung dessen, was in Bibel und Tradition unter Stellvertretung verhandelt worden ist. Aber auch dort, wo von magischem Austausch und freiwilligem Leiden, von satisfactio und imputatio, von Versöhnung in der Entäußerung und von exklusivem Ersatz an unserem Ort die Rede ist, wird indirekt von uns gehandelt, weil in solchen Begriffen erzählt wird, wie die Gründung des Reiches der Identität vor sich ging.

Was bedeutet es, daß wir von Christus vertreten werden in dem, was wir eigentlich sind?, so lautet die aus der Tradition erwachsende Frage. Sie läßt sich nicht abspeisen mit dem im Neuen Testament bereitliegenden Material zur Sache; mit Historizität und Entgrenzung, Freiwilligkeit und Leiden allein ist noch fast nichts gesagt, da dieser Befund auf die verschiedenste Weise interpretiert werden und das Verständnis sich nicht nur wandeln kann, sondern sich ändern muß, sofern es weiterhin Verstehen bleiben will. Es ist eine Binsenwahrheit, daß die Inhalte der christlichen Tradition der ständig erneuten kritischen Überprüfung bedürfen.

Erst recht ist ein Inhalt wie Stellvertretung auf radikale Kritik angewiesen, da er vom Beginn der christlichen Geschichte an von magischem und juristischem Denken bedroht war. Allzuleicht wurden die beiden Bedingungen echter Stellvertretung verfehlt: Personalität wurde verdinglicht, der unersetzliche Mensch wurde zum ersetzbaren Steinchen in Gottes Schachspiel gemacht, und Zeitlichkeit, dieser Grund der Hoffnung der Vertretenen, wurde übersehen um eines überzeitlich-zeitlosen Heilsmechanismus willen, der noch nichts von seinem Systemgeklapper verloren hat, wenn man ihn „Heilsgeschichte" nennt. Vor solchen fruchtlosen Repristinationen behütet der Ansatz beim Phänomen oder das explizierte und diskutierte Vorverständnis. Stellvertretung erscheint darin als unumgängliche Forderung der auf Identität bedachten Vernunft. Wir haben uns die christlich-idealistische These vom unersetzlichen Menschen zu eigen gemacht und versucht, zumindest an der Frage nach der eigenen Identität festzuhalten, auch wenn diese Identität heute in besonderer Weise vom totalen Austauschbarsein, vom „Ersatz", bedroht ist. Aber Unersetzlichkeit ließ sich nur festhalten um den Preis eines Angewiesenseins auf einen, der uns vertritt. So wahr der Mensch sein Leben nicht nur im gelungenen oder verfehlten Gegenwärtigen hat, sondern immer auch in dem, was noch aussteht, so gewiß braucht er Stellvertretung.

Identität kann, so entnahmen wir dem anthropologischen Ansatz Hegels, nur erscheinen (und gedacht werden) in der Differenz von Identität und Nichtidentität. Eben diese Differenz begründet beides: Angewiesenheit auf Stellvertretung wie auch Verantwortung für Stellvertretung. Zwei Bedingungen sind zu erfüllen, damit Stellvertretung nicht zum Ersatz werde, damit die Frage nach der Identität nicht verstummen müsse und die Hoffnung auf das Reich erstickt werde – die Bedingungen der Personalität und der Zeitlichkeit. Angesichts dieser erst vorläufig und äußerlich bestimmten Bedingungen ist jetzt genauer zu fragen, wie die Strukturen gelebter Stellvertretung aussehen. Wer ich bin?, fragten wir zu Beginn. Die Antwort hieß: ein Unersetzlicher, aber Vertretbarer. Die nächste Frage muß heißen: Wer vertritt mich? Oder expliziert: Wer tritt für mich ein, ohne mich ersetzen zu wollen? Wer tritt so für mich ein, daß ich weiterhin erwartet und nicht abgeschrieben werde? Gibt es das überhaupt im erhofften Sinne: Stellvertretung?

Der christliche Glaube hat auf diese Fragen so geantwortet, daß von nun an Stellvertretung nicht nur eine Forderung der Vernunft, nicht nur ein alltägliches Vorkommnis, sondern das entscheidende Ereignis des menschlichen Lebens überhaupt ist. Anthropologie und Christologie verhalten sich zueinander wie Frage und Antwort, oder mit Tillich zu reden, sie stehen in Korrelation. Wer nach den Strukturen gelebter Stellvertretung fragt, wird nicht umhin können, nach Christus zu fragen, also danach, in welchem Sinne sich die Stellvertretung beschreiben läßt, die die konkrete Person Jesus (Historizität) freiwillig für alle (Entgrenzung) leisten soll.

So gewiß sich meine Frage über die Gesellschaft, in der ich lebe, hinaus an einen wendet, der meine Stelle und meine Möglichkeiten vertreten könnte, so entscheidend ist es für mich als Person, daß dieser Stellvertreter mich nicht ersetzt. Die Antwort des christlichen Glaubens auf der Suche nach dem, der an meiner Stelle handelt und leidet, ist mißverstanden, wo sie perfektionistisch und abschließend gegeben wird, weil damit Identität und Reich auseinandergerissen werden. Identität verkommt zur Ersatzleistung Christi, sein Reich aber wird vertagt auf den „St. Nimmerleinstag". Christus vertritt uns auf Zeit, bedingt und unvollständig. Christus ersetzt nicht unseren Ort, sondern er vertritt uns auf Zeit – daran muß gegenüber allem christokratischen Perfektionismus festgehalten werden. Wir bleiben unersetzlich, gerade indem wir ihn als Vertreter brauchen. Er, der an unserer Stelle glaubt, hofft und liebt, also unsere vertane Sache tut, hebt uns nicht auf, so daß es auf uns nicht mehr ankäme. Christus ersetzt unser Lieben nicht, so daß wir nun überflüssig wären und daß niemand mehr auf uns wartete. Der christologische Perfektionismus macht aus Jesus, der unser Bruder ist, wenn irgend diesem Wort ein Sinn zukommt, einen „superman", der uns ersetzt. Aber zugleich impliziert er einen Götzen, dem Menschen austauschbar sind. Kann es Gott aber gleichgültig sein, was aus mir wird?

Jede Stellvertretungslehre, die uns, unsere Sünden, unsere Geschichte, unser Leben für „zu Ende", für erledigt erklärt, zerstört nicht nur den unersetzlichen Menschen, sondern gibt auch den preis, dem Menschen nicht austauschbar sind. Gott, der trotz aller geschehenen Genugtuung nicht genug hat am Stellvertreter, wartet weiter auf uns; für ihn ist unsere Hoffnung, die auf ihn geht, nicht ablösbar und erledigt. Gott gibt sich *nicht* zufrieden mit unserem Vertreter. Dieser leistet Für-Sprache, aber wir sollen selber sprechen lernen. Dieser glaubt *für* uns, aber wir sollen selber glauben lernen. Dieser hofft, wo wir hoffnungslos sind, aber das ist nicht das Ende der Geschichte. Der Geist, der uns mit „unaussprechlichem Seufzen" vertritt (Röm. 8, 26), denkt nicht daran, unser Beten zu ersetzen. Wohl aber vertritt er die, deren einziges Gebet es ist, nicht zu wissen, was sie beten sollen. Durch seine Stellvertretung hält er ihnen die Stelle offen, so daß sie sie nicht verlieren. Im Bild geredet: Wir brauchen Christus, damit Gott uns nicht kündige. Ohne Christus würde Gott uns fristlos entlassen. Christus drängt nicht, wie ein ehrgeiziger und erfolgreicherer Kollege, auf unsere Entlassung – weil er Stellvertreter, nicht Ersatzmann ist. Und darum hebt Gott das Arbeitsverhältnis nicht auf.

Aber läßt sich eine solche Aussage aus der Sprache der Bilder in die menschliche Geschichte übersetzen? Dann hätten wir unter unserer „Stelle" unsere Freiheit als Söhne Gottes, die die Welt verantworten, zu verstehen. Daß Gott uns nicht „kündigt" um Christi willen, bedeutete dann, daß er uns diese Freiheit läßt, so daß wir nicht mehr den mythischen Befangenheiten und Verknechtungen zum Opfer fallen. Das Neue Testament sagt, daß diese Freiheit in Christus ihren Anfang genommen habe. Den Anfang der Freiheit besingt zum Beispiel das Christuslied im Philipperbrief, das Paulus von der Urgemeinde übernahm: die kosmischen Mächte unter, über und auf der Erde haben dem Christus gehuldigt (Phil. 2, 10). Seitdem sie den Christus anerkannt haben, sind sie als Mächte, als mythisch-schicksalhafte Gewalten, erledigt. Sie können niemanden mehr ängstigen. Wo immer sie noch beschworen werden, wo immer an ihre Herrschaft appelliert wird – in Blut und Boden, Partei oder Staat, in Amt oder Hierarchie –, da kann auf ihre Entmächtigung hingewiesen werden, da müssen sie sich als säkulare Mächte vor dem Forum der Ratio rechtfertigen, weil eine höhere Weihe ihnen nicht mehr zuerkannt werden kann. Die Anerkennung des Christus hat sich in der Abdankung der Mächte vollzogen. Die einst Herren der Welt waren, haben nichts mehr zu sagen. Der im mythischen Denken verhaftete Mensch fühlt sich von der Welt umschlossen. Er ist in ihr befangen, darum kann sie ihm nicht Material der Selbstverwirklichung werden. Transrationalen Mächten ausgeliefert, bleibt er in der Unmündigkeit. Christus aber, der Mensch Gottes, zeigt in seinem Leben, wie mögliche Befreiung von den Mächten, die sich unangreifbar gebärden, aussieht. Er entmythisiert sie, was in der Sprache des Mythos so beschrieben wird, daß er sie zum Abdanken zwingt. Somit sorgt er dafür, daß wir unseren Platz, Mitarbeiter Gottes auf Erden zu sein, nicht verlieren. Ohne ihn wäre uns die Erde weniger untertan, und das heißt noch weniger bewohnbar. Die in seinem Namen angebrochene Freiheit besteht zwar auch dort, wo sie sich nicht mehr auf ihn beruft. Dennoch läßt sich sagen, daß sein Name das unauslöschliche Siegel dieser Freiheit ist. Wo immer sie in Gefahr ist und wo weltliche Mächte, sich selber mythisierend, unbedingten Gehorsam fordern, da ist das säkulare Bewußtsein in Christi Recht und Namen auf dem Plan. Gott kündigt uns nicht, um Christi willen – bedeutet dann, daß er in uns das Bewußtsein der Freiheit gegenüber solchen Mächten aufrechterhält. Im Namen seiner radikalen Freiheit von allen weltlichen Bevormundungen bleibt die uns versprochene „Stelle" für uns offen – die Stelle des Herrn der Welt –, die er vertritt, auf daß wir sie einnähmen.

Das Engagement, das Christus für uns eingeht, kann nur unvollständige und zeitliche Vertretung sein, weil es den Unersetzlichen gilt, die wir sind und in Christi Verständnis auch bleiben. Weil Christus in keinem Augenblick unsere Identität aufopfert um irgendeines höheren Zieles willen, darum muß er „unvollständig" für uns eintreten. Weil wir für Gott unersetzlich bleiben, darum kann Christus uns nicht der Geschichte und ihren erst in der Zukunft verwirklichbaren Zielen, auch nicht einem mythisch verstandenen Weltgericht am Ende der Zeiten aufopfern; Stellvertretung ist eine Art Wiederherstellung der beschädigten Gegenwart, die in ihr Recht eingesetzt wird, was freilich nur geschehen kann, indem ihr die Zukunft offengehalten wird. Christus subsumiert uns nicht unter eine größere Rechnung, weil er, indem er uns vertritt, mehr von uns erwartet als das, was wir jetzt sind.

Er ist für uns, das heißt an unserer Stelle gestorben, aber wir sollen selber sterben lernen. Die christliche Existenz vollzieht sich als ein solches Sterbenlernen, das im physischen Tod nur *eine* und nicht immer die äußerste leibliche Konkretion erfährt. In der Sprache der Tradition können wir dieses Sterbenlernen mit Luther so beschreiben, daß wir sterben, indem wir den Zorn Gottes als die Wahrheit über uns anerkennen und uns in die radikale Abhängigkeit von Gott, die in der imputatio gemeint ist, selbst hineingeben. „Zorn Gottes" und „Abhängigkeit von Gott" sind freilich Vokabeln, die der Interpretation, als einer Weltlichwerdung, bedürfen, die im folgenden versucht wird.

Christus ist für uns, an unserer Stelle, zum Leben gekommen; aber wir sollen selber leben lernen, indem wir das Menschliche und die ihm eigene Entfremdung nicht als ein Gott Fremdes, sondern als eine Weise seines Bei-uns-Seins verstehen, indem wir in der Nichtidentität die Identität wahrnehmen, das heißt aus ihr leben. Jede Perfektion des Werkes Christi würde sein eigenes Ziel zerstören; Unvollständigkeit konstituiert die Art seines Für-uns-Seins.

Unter diesem Horizont der Unvollständigkeit bedenken wir im folgenden die Strukturen der Stellvertretung Christi, und zwar sowohl derer, die Christus vor Gott für uns übernimmt und leistet, wie auch der Stellvertretung, die darin besteht, daß Christus Gott bei uns vertritt. Dabei erscheinen als relevant drei Grundzüge, die schon im Vorverständnis auftauchten, nun aber auf ihre christologische Brauchbarkeit hin untersucht werden sollen: Identifikation, Abhängigkeit und Vorläufigkeit. Mit Hilfe dieser Begriffe wird die Stellvertretung, die vorläufig „personal" und „zeitlich" genannt wurde, nun interpretiert – sie sind die Anzeichen dessen, daß Gott unsere Freiheit nicht kündigt.

2. Die Vorläufigkeit Christi
(Zur Auseinandersetzung mit dem Judentum)

Der zeitliche Ausdruck der Unvollständigkeit, in der Christus uns vertritt, ist seine Vorläufigkeit. Als unser Stellvertreter „läuft" Christus „vor", ist er unser Vorläufer zu Gott. Solcher Vorläufigkeit – im wörtlichen Sinne – entspricht unsere Nachfolge oder unsere Verantwortung, der Vorläufigkeit im übertragenen Sinn unsere Angewiesenheit auf ihn, der uns vorweg ist. Das Leben, das er lebt als Sein in der Identität, steht für uns noch aus, hat sich nicht. Aber diese Nichtidentität wird ihrer selbst inne erst an jener Identität, die Christus vorlaufend darstellt.

Gemeint ist damit nicht, daß Christus Vorläufer eines Größeren sei, wie etwa Johannes der Täufer. Seine Vorläufigkeit ist auch nicht die der Propheten, die den Messias erst erwarten, sondern eine endgültige Vorläufigkeit. Um diesen Begriff zu klären, mag es gut sein, sich der Diskussion zu erinnern, die zwischen Juden und Christen in den letzten Jahren wieder notdürftig in Gang gekommen ist. Wir haben Grund genug, in diesem Gespräch nicht sosehr als Frager denn als Gefragte und als Lernende aufzutreten. Wo das Judentum sich auf sich selbst besinnt, da wird als entscheidende Differenz zum Christentum immer wieder das unterschiedliche Verständnis von Erlösung angesehen. Der „essentielle Konflikt", so führt Gershom Scholem aus[69], sei darin angelegt, daß sich Erlösung, christlich verstanden, als ein Vorgang begreife, der im geistigen Bereich und im Unsichtbaren spielt, es handle sich um erlöste einzelne innerhalb einer unerlösten Welt. Demgegenüber sei im Judentum die Welt des Sichtbaren der einzig denkbare Ort, an dem sich einst so etwas wie Erlösung abspielen könne. Denn niemals habe das Judentum in seinem Glauben an die Erlösung verzichtet auf den Schauplatz der Geschichte, die Öffentlichkeit und das Medium der Gemeinschaft. Dem entspricht es, daß sich die messianische Hoffnung der Juden immer weiter von der Person des Messias entfernt zugunsten des neuen Lebens, das auf der Erde erwachsen soll. „Das Wort von dem *einen* Mann tritt dann mehr und mehr hinter das von der einen Zeit zurück, das vom Messias hinter das von den Tagen des Messias, und daneben steht dann ein anderes bestimmteres Wort noch, das vom Gottesreich."[70] So ist die Erlösung nicht perfektionistisches Geschehen, sondern andauernder Prozeß – „das Reich überschattet den Messias"[71].

---

[69] G. Scholem, Judaica, Frankfurt 1963, darin: Zum Verständnis der messianischen Idee im Judentum, 7 ff.

[70] L. Baeck, Das Wesen des Judentums, Frankfurt 1932

[71] Sch. Ben Chorin, Juden und Christen, Berlin 1960, 25

Die Differenz ist alt und hat sich als gewichtig genug erwiesen, um über Leben und Tod zu entscheiden. In den mittelalterlichen Disputationen, die auf staatliche Anordnung hin zwischen Talmudgelehrten und christlichen Theologen stattfanden, mußten die Juden, in langer Reihe vor dem kirchlichen Tribunal stehend, der Reihe nach auf Fragen antworten, die ihnen die Christen stellten. Je nach Ausfall der Antwort konnte den Juden das Martyrium gewiß sein. André Schwarz-Bart schildert in seinem Roman „Der Letzte der Gerechten", wie sich auf die Frage nach der Göttlichkeit Jesu nach langem Schweigen ein schüchterner Rabbi meldet und „hüstelnd vor Angst und mit einer Stimme, die nur noch ein dünner Faden ist", folgendes vorbringt: „Wenn es stimmt, daß der Messias, von dem unsere alten Propheten reden, schon gekommen ist, wie erklärt ihr dann den gegenwärtigen Zustand der Welt...? Edle Herren, die Propheten haben doch gesagt, daß bei der Ankunft des Messias Weinen und Stöhnen aus der Welt verschwinden würde – nicht wahr...? und auch, daß alle Völker ihre Schwerter zerbrechen würden, o ja, um aus ihnen Pflugscharen zu gießen ... nicht wahr?" Schließlich erkühnt sich der kleine Rabbi noch, den König Ludwig traurig anzulächeln. „Ach, was würde man sagen, Sire, wenn Ihr vergäßet, wie man Krieg führt?"[72]

[72] A. Schwarz-Bart, Der Letzte der Gerechten, S. Fischer, 1960, 12 f.

Um dieser Antwort willen wird er im Namen Jesu Christi verbrannt. Denn unangefochten „vom gegenwärtigen Zustand der Welt" halten die Christen daran fest, daß in Christus das Reich Gottes erschienen sei. Man muß die Folgen dieses und jedes christlichen Perfektionismus vor Augen haben, um zu ermessen, was geschieht, wenn das, was wir die Vorläufigkeit Christi nennen, konsequent übersehen wird. Ein polnischer Jude bekannte, wenn er das Wort Christus höre, müsse er immer an Pogrome denken. Die theologische Reflexion kann sich hier nicht distanzieren und sagen, daß dies bedauerliche Entgleisungen der Praxis seien, die im Wesen des Glaubens nicht angelegt seien. Dazu ist die Geschichte des christlichen Antijudaismus zu alt, zu lang und zu blutig. Was wir für die Ermordeten tun können, ist: für sie, angesichts ihrer, den christlichen Glauben neu zu denken.

Abhanden kommt dabei der endgültige Christus, der Ersatzmann, der uns der versöhnenden Gnade Gottes perfekt und total versichert. Dieser endgültige Christus ist notwendig totalitär, wie die Geschichte des kirchlichen Antijudaismus zeigt, dessen Schwankungen jeweils von der theologisch-politischen Sicherheit der Kirche abhingen; ging es dem „neuen Israel" gut, fühlte sich das „neue Volk Gottes" stark, so blühte der Judenhaß, genährt von der Sicherheit dogmatischer Fixierungen. Auf dem 4. Laterankonzil, 1215, einem Höhepunkt der triumphierenden Kirche, den die leidende Synagoge zu bezahlen hatte, wurden gleichzeitig fixiert: die spätmittelalterlichen Kleiderbestimmungen für die Juden – und die Transsubstantiationslehre. Die Wandlung der Elemente des Abendmahls, Brot und Wein, zur Gegenwart des Leibes Christi wurde zum Dogma erhoben, vor dessen Hintergrund notwendig alle andern religiösen Bräuche als Verbrechen galten[73].

Christi Handeln für uns wird so sakramental perfektioniert, sein Opfer ist der endgültige Ersatz, der Gott geboten wird. Der endgültige Christus wird theologisch begründet durch das am Altar nachvollzogene Opfer, durch das Gott beschwichtigt wird. Aber *Liebe* läßt sich — auch mit Blut — nicht beschwichtigen, so daß sie nichts mehr erwartete. Auch wenn Menschen das immer noch ausstehende Reich Gottes über dem endgültigen sakramental gegenwärtigen Christus vergessen, so ist Gott doch nicht ohne diese Hoffnung auf sein Reich denkbar. Der endgültige Christus wird zum Stellvertreter, der nur noch in seiner juristischen Funktion begriffen wird, als der, der die Sühne geleistet hat. Das Perfekt ist entscheidend; diese zum Ersatz gewordene Stellvertretung kann durch keinen Zustand der Welt mehr in Frage gestellt werden: der sakramentale Christus und das Reich

---

[73] Vgl. K. Kupisch, Das christliche Zeitalter, in: Der ungekündigte Bund, Stuttgart 1962, 82 f. Ähnlich W. Eckert, O. P., Kirche und Synagoge, in: Christen und Juden. Ihr Gegenüber vom Apostelkonzil bis heute, hrsg. von Marsch/Thieme, Mainz/Göttingen 1961

Gottes werden in eins gesetzt, der Christus prolongatus, der als Kirche existiert, wird zu einer totalitären Institution, in dem die Gegenwart alle noch offene Zukunft erübrigt. Wer den endgültigen Christus hat, der braucht keine Zukunft.

Zukunft ist aber vor allem den jeweils Unterlegenen und Zukurzgekommenen nötig. Im Namen des endgültigen Christus wird ihre Zukunft verraten – eben die, die der vorläufige Christus ihnen offenhielt. Richtig verstanden könnte es daher gerade der Begriff der Stellvertretung sein, der dem jüdischen Einwand gegen die christliche Erlösung zu seinem bleibenden Recht verhülfe. Denn wenn auch dieser Einwand durch nichts zu widerlegen ist, am wenigsten durch christlichen Terror, so bleibt er doch in der Vorläufigkeit der christlichen Stellvertretung aufgehoben. Im vorläufigen Christus ist das Reich Gottes zugleich da und noch nicht da. Und niemals läßt sich aufgrund der bloßen und begrenzten Stellvertretung dessen, der jetzt schon da ist, wo wir noch nicht sind, und der als der Vorlaufende auf uns wartet, jene messianische Evidenz ableiten, die Inquisitionsgerichte und Pogrome möglich macht. Das noch nicht erschienene Reich Gottes bleibt offen als etwas, das weiterhin aussteht und nicht als ein Schon-Seiendes mit allen Mitteln verteidigt werden muß.

Denn die Spannung zwischen dem Schon-Jetzt und dem Noch-Nicht ist die zwischen ihm und uns, die er selber stellvertretend übernimmt. G. Scholem nennt die Differenz zwischen christlicher und jüdischer Erlösungsauffassung eine der Orientierung am Sichtbaren oder am Unsichtbaren. Woran orientiert sich der Glaube? Läßt sich wirklich halten, daß sich der christliche Glaube – im Gegensatz zum jüdischen – am Unsichtbaren orientiert? In der Stellvertretung wird diese Differenz vermittelt, die einer, sichtbar, für andere, jetzt nicht sichtbare, leistet. Der Stellvertreter – aller Menschen, nicht nur eines Volkes – tut das Unsichtbare der Erlösung, aber um sie sichtbar zu machen. Um des noch nicht Sichtbaren willen bekräftigt er stellvertretend das Unsichtbare. Er stiftet jene individuelle und nur darin universelle Versöhnung, die jetzt weder öffentlich noch sichtbar ist, aber er tut es um der öffentlichen, sichtbaren und allgemeinen Versöhnung willen. Er tut es auf sie hin. Das Christliche – der erschienene Messias – dient dem Jüdischen – der offenen Zukunft derer, die nun nicht mehr „allein" Täter und Garanten ihrer selbst sein müssen. Anders gesagt: Christus ermöglicht es den Nichtjuden, Juden zu werden, nämlich: im Aufschub zu leben.

Scholem schreibt über die jüdische Geschichte: „Sie hat die Schwäche des Vorläufigen, des Provisorischen, das sich nicht ausgibt. Denn die messianische Idee ist nicht nur Trost und Hoffnung. In jedem Versuch ihres Vollzugs brechen die Abgründe auf, die jede ihrer Gestalten ad absurdum führen. In der Hoffnung leben ist etwas Großes, aber es ist auch etwas tief Unwirkliches. Es entwertet das Eigengewicht der Person, die sich nie erfüllen kann, weil das Unvollendete an ihren Unternehmungen gerade das entwertet, was ihren zentralen Wert betrifft. So hat die messianische Idee im Judentum das *Leben im Aufschub* erzwungen, in welchem nichts in endgültiger Weise getan und vollzogen werden kann."[74]

Aber genau dieses Leben im Aufschub und in der Vorläufigkeit ist für die Christen nicht durch den Messias zum Ende gebracht, sondern durch den Stellvertreter ermöglicht.

Der zum Ersatzmann verkommene Stellvertreter zerstört die Vorläufigkeit der Versöhnung: er perfektioniert sie systematisch für das christliche Bewußtsein, und er pervertiert sie historisch in der christlichen Geschichte, in der immer wieder der endgültige über den vorläufigen Christus gesiegt hat.

Die Frage, wie Christus zu verstehen sei, endgültig oder vorläufig, zeigt ihre praktische Bedeutung angesichts des empirischen Daseins und des möglichen Entwurfs der Kirche. Tatsächlich hängt für das Selbstverständnis der Kirche alles davon ab, ob die Vorläufigkeit Christi verstanden wird. Wenn Christus uns vorläufig vor Gott vertritt, so bedeutet dies für die Gruppe der Gläubigen, daß auch sie vor Gott für jemanden einzustehen hat.

---

[74] a. a. O., S. 73 f.

Dies kann für die Kirche nichts anderes sein als die Welt, die sie vor Gott vertritt. Sie tut dies vorläufig, unvollständig, bedingt und auf Zeit. Die Kirche ist nicht der Ersatz, mit dem Gott sich anstelle der ihm entgleitenden Welt beruhigt, sondern wo sie wirklich ist, da wird Gott des noch Ausstehenden vergewissert. Sie macht Gott Mut zu seiner Welt, daß er nicht aufhört, auf diese Welt zu warten. Kirche ist immer da, wo sie als Anwalt der Welt erscheint, nicht als ihr Verkläger, sondern als ihr wahrer Fürsprech, nicht als ihr Verleumder. Sie kennt daher die Belange ihres Klienten und bringt sie vor, sie erübrigt sich selber in allen Dingen, die die Welt unterdessen selber versteht und verwirklicht, wie bestimmte Sozialaufgaben, und es ist ihr eine Welt denkbar, in der sie selber überflüssig geworden ist. Die Kirche des vorläufigen Christus hat die ständige Selbstversicherung und Selbstbestätigung – das „rette uns, bewahre deine Schar, hilf uns" – nicht nötig. Sie ist offen für den Gott, der identisch wird mit sich selber in der Welt.

3. Die Identifikation Christi

Der wahre Lehrer

Sprechen wir von Vorläufigkeit, so drücken wir den Abstand aus, den Christus von uns hat, indem er uns vorweg und schon da ist, wo wir noch nicht sind. Wird diese Distanz übersprungen, so daß Christus unseren Ort besetzt und uns selber ersetzt, so ist damit nicht nur unser unersetzliches Personsein zerstört, sondern notwendig im Sinne jenes totalen Ersatzes auch die vorläufige Welt, in der wir leben. Christi Distanz von uns muß also im Denken erhalten bleiben, aber nicht undialektisch: er ersetzt uns nicht an unserem Platz, weil er uns vorweg ist; aber er ist auch nicht so weit vorausgelaufen, daß er sich sozusagen nicht mehr nach uns umsähe. Vorlaufend sieht sich Christus nach uns um; Vorläufigkeit und Rücksicht gehören zusammen.

Christus lebt nicht in einem ungebrochenen Sein auf Gott hin, ein homo religiosus, der nur für Gott da ist in der Welt und den die „schlechthinnige Kräftigkeit des Gottesbewußtseins" (Schleiermacher) allein trägt und hält. Das wäre noch immer der endgültige Christus und nicht der vorlaufende Stellvertreter, der für Gott da ist, indem er etwas für uns tut. Aus diesem Grunde sind alle Beschreibungen Christi, die von seinem einmaligen Gottesbewußtsein ausgehen, unbefriedigend. Sie übersehen das entscheidende andere Merkmal des stellvertretenden Christus: seine währende Identifikation. Christus identifiziert sich mit den Nachlaufenden, den Zurückgebliebenen, denen, die nicht mehr weiterkommen. Er identifiziert sich mit denen, deren Identität aussteht. Der Ermöglichungs-

grund dieser unserer dialektisch gebrochenen Identität ist die Identifikation, die ein anderer, der uns voraus ist im Sinne gewonnener Identität, für uns leistet.
Aber was bedeutet Identifikation? In welchem Sinne kann von einem Menschen gesagt werden, daß er sich mit einem anderen identifiziere, wenn doch unleugbar ist, daß Schuld und Tod, aber auch Schmerz und Strafe nicht übertragbare Phänomene sind? Was kann es bedeuten, daß er „unsere Schmerzen" trug „und nahm auf sich unsere Missetat"? Welche Art von Identifikation ist dabei vorausgesetzt? In unserer vom Bewußtsein des Selbst geprägten Vorstellung ist der Leib deutlich räumlich begrenzt, anders als in Gesellschaften, die dem Totemismus und der Magie im weiteren Sinne zugehörig ein anderes, weniger abgegrenztes Körpergefühl entwickelt haben. In jenem Bereich der „Allmacht der Gedanken" ist es nicht nur theoretisch möglich, sondern auch faktisch nachweisbar, daß einer sich mit den Schmerzen eines anderen so identifizierte, daß er sie ihm abnahm und daran zugrunde ging. Ähnliches, nämlich Erkrankung des behandelnden Seelenarztes, wird aus dem psychoanalytischen Erfahrungsbereich berichtet. Aber beide Möglichkeiten liegen uns im allgemeinen fern und sind nicht nachzuvollziehen. Nichts nämlich ist für unsere Erfahrung so unverwechselbar „mein" wie körperlicher Schmerz. Der durch den Leib, das heißt durch unsere Erfahrung von ihm,

gegebenen Abgrenzung des einen vom anderen entkommt niemand, wie sehr man sich auch, in der Liebe zumal, solchen mythischen Austausch wünschen mag. Er ist uns versagt. Das Modell mythischer Identifikation, das auch die Grenze des Todes auflösen kann, erinnert zwar den, der von solcher Stellvertretung hört, an geträumte unbewußte Allmacht der Gedanken, an Identität, die in und durch Identifikation gewonnen wird; aber dieser Wink des Unbewußten kann nur Ratlosigkeit und Trauer wecken, weil wir ihm nicht zu folgen vermögen.

Eine Identität des Menschen mit sich selber wird uns da vorgespiegelt, wo Identifikation des einen mit einem unersetzlichen anderen möglich zu sein scheint. Was hier wie in einem Spiegel erscheint, kommt in der christlichen Anthropologie (beispielsweise bei Paulus, im Gedanken, daß Erkennen ein Erkanntwerden, Lieben ein Geliebtwerden ist) so zum Ausdruck, daß Identität nur dem erreichbar ist, mit dem sich ein anderer identifiziert. Identität wird nicht geleistet und gemacht, auch dann nicht, wenn man sie – psychologisch – in der Selbstannahme gründet. Denn ich kann es nur lernen, mich selber in meinem sozialen und persönlichen und geschichtlichen Stand anzunehmen, mich also als Deutscher oder als Frau oder als mittelbegabt anzunehmen, wenn ich irgendwo und irgendwann schon angenommen bin. Solange mich niemand annimmt, ist auch keine Selbstannahme

möglich. Daß sich ein anderer mit mir identifiziert, bedeutet, daß er mich nicht nur gelegentlich und unter bestimmten Umständen annimmt; Identifikation ist die Bereitschaft zur Annahme, die ohne Grenzen und ohne Bedingungen gilt, sie ist die Selbstverständlichkeit des Annehmens. Aber gibt es in der entzauberten Welt ein Modell solcher Identifikation eines mit einem anderen, innerhalb dessen auch Verantwortung und Gefährdung, Verfehlung und Strafe, Schmerz und Leiden mit übernommen werden? Ein solches Modell existiert zwar, es ist aber theologisch vollständig heruntergewirtschaftet und durch Polemik fast unkenntlich geworden – es ist das Modell des Lehrers.
Die gegenwärtige Theologie hat den Gedanken der Aufklärung, daß Christus ein Lehrer der Tugend, Glückseligkeit und Unsterblichkeit sei, als unzureichend abgewertet. Man dünkte sich, zumal bei den dialektischen Theologen, weit erhaben über diesen Christus, der „nur" lehrt, und solche Überlegenheit hatte so lange recht, als man unter Lehrersein verstehen mochte, daß eine Person, die in sittlicher Hinsicht vorbildlich ist, eine Anzahl bestimmter Kenntnisse an andere übermittelt. Das moralistische Schema, das im Sinne einer aufklärerischen Pädagogik hier vorlag, sah im Lehrer nur dies: das Vorbild der Tugend und den Vermittler des Wissens. Aber welch erstaunlich flacher Begriff von einem Beruf, der doch sehr viel mehr reale Anschauung gewährt als geläufige Bilder, wie Hirt

oder König, die aus der Welt des Alten Testaments stammen und zur Charakterisierung Jesu verwandt wurden! Als ob das, was mit dem Beruf Lehrer genannt wird, mit dem Vorbild in den Verhaltensweisen der Güte, Sanftmut und Beherrschtheit und weiterhin mit dem Transport bestimmter geistiger Güter auch nur im entferntesten beschrieben wäre!

Ein Lehrer, der nicht sich gibt – in, mit und unter den Sachen, die er übermittelt –, ist kein Lehrer. Wer durch eine Lernmaschine ersetzt werden kann, ist es wert, ersetzt zu werden, ja die zunehmende technische Rationalisierung des Lernens lenkt den Blick erst recht auf die Personalisierung des pädagogischen Vollzugs, der allerdings unter dem Stichwort „Vorbild" verfehlt wird. Unersetzlich ist allein der Vollzug selber, der in der Identifikation des Lehrers mit den Lernenden gründet. Der Lehrer ist verantwortlich für die, die jetzt unmündig oder unfähig sind, er steht ein für die Chancen und Interessen der Vertretenen. Er weiß mehr von ihnen, als sie von sich selbst wissen. Seine – vorläufige – Stellvertretung reicht konkret dahin, wo der Schüler, einsichtslos, noch nicht ist. Er sorgt im Vorläufigen seines Tuns dafür, daß die Chancen des Schülers, die jetzt nicht wahrgenommen werden können, nicht verschüttet werden. Er gewährt Aufschub, den der Wachsende braucht. Er hält ihm also „seine Stelle" offen. Der pädagogische Vollzug kommt ans Ziel, indem der Lernende selber

Identität gewonnen hat, indem er „seine Stelle" findet. Ein Lehrer, der sich nicht selber erübrigt, der sich nicht aufhebt und überflüssig macht, ist ein schlechter Lehrer. Es versteht sich, daß diese Aufhebung nicht auf einen Schlag geschieht, so wie man ein Klassenziel erreicht, sondern im andauernden Prozeß, in dem sich der Lehrer immer wieder setzt und erübrigt. Das pädagogische Spiel ist selber solche Setzung und Selbsterübrigung, die auf der vorgängigen Identifikation beruhen.

Das Modell des wahren Lehrers ist auf Christus übertragbar: er ist der sich Identifizierende, der um unseretwillen Zeit und Aufschub gewährt. Es ist nichts billiger, als Christus nach dem Leitbild des „ewigen" Lehrers zu denken, der nie „fertig" und das bedeutet überflüssig wird. Solcher Vorstellung entspricht das Menschenbild vom ewigen Kinde, das nicht dadurch annehmbarer wird, daß man dieses Kind „Gottes" nennt. Die unreflektierte Vater-Kind-Beziehung, wie sie allzu lange in der Theologie geherrscht hat, war orientiert an der traditionsgeleiteten patriarchalischen Gesellschaft. „Da Gott Vater war, waren auch alle Menschen Kinder. Aber Gott ist kein König, er ist Geist. Gott ist kein Vater, er ist Geist. Er will uns nicht als Kinder, er will uns als Männer und Frauen..., es eröffnet sich ein neues ungeheures Thema, das zu beschreiben, das mit Denken zu durchdringen, das auszudrücken und das zu erforschen ist: der Mensch erhobenen Hauptes."[75] Die beherrschende Vaterfigur – von Gott auf den Landesvater und auf den Familienvater übertragen – ließ dem Kind als Möglichkeit der Identität nur die frommen Kindseins. Verantwortung für die Welt, Selbständigkeit der Söhne Gottes, wie sie im Neuen Testament unerhört kühn proklamiert war, war verlorengegangen.

Aber selbst das beste Vater-Kind-Verhältnis läßt sich nicht lebenslang unverwandelt bewahren, ohne sich in Tyrannei und kindisches Wesen, die einander hervorrufen, zu entfremden. Es ist Christi erklärtes Ziel, uns nicht im Stande solcher unmündigen Kinder zu halten wie ein ewiger und darum schlechter Lehrer. Er will uns an „unsere Stelle" – Mitarbeiter Gottes (1. Kor. 3, 9), Erben seiner Welt (Gal. 3, 29), zur Freiheit seiner Söhne berufen (Röm. 8, 21) – bringen. Es ist Christi erklärter Wunsch, uns aus seiner Schule zu entlassen in sein Reich. Aus diesem Grunde redet der Jesus der synoptischen Evangelien so wenig von sich selber. Unabhängig davon, wie man die Selbstaussagen Jesu historisch beurteilt – sie stehen quantitativ in keinem Verhältnis zur Menge der Aussagen über sein Reich. Dies entspricht dem wahren Lehrer: er rückt nicht sich, seine Person und die Bindung an diese in den Mittelpunkt, wiewohl sich solche Bindung gerade dort, wo sie nicht ange-

---

[75] Th. Wilder, Kultur in einer Demokratie, Stuttgart 1957, 5

strebt wird, ergibt. Verbindlich für die Seinen ist seine Sache, sein Reich.

Das Problem der Strafe

Lehrersein bedeutet nicht, dies und jenes beibringen, sondern sich identifizieren. Es gibt einen Prüfstein, um den Grad der jeweils vollzogenen Identifikation zu bestimmen, das ist das jeweilige Verhältnis des Lehrenden zur Strafe. Wie begründet er sie und welche Art des Vollzugs scheint ihm darum angemessen? Es gibt für eine Theorie der Strafe heute zwei mögliche Begründungen, die strittig sind und die für die Theologie, je nachdem, ob sie stärker am Recht oder an der Pädagogik orientiert ist, Bedeutung erlangen können. Die Sühnetheorie sagt, daß es die Ehre des Verbrechers sei, bestraft zu werden, weil nur in diesem Vollzug seine personale Verantwortlichkeit ernstgenommen werde. Die Milde oder der Straferlaß entwürdige den Verbrecher in seinem freien und verantwortlichen Menschsein. Demgegenüber gehen die Vertreter der Resozialisierungstheorie von dem gestörten Verhältnis aus, das zwischen Individuum und Gesellschaft besteht, bevor noch ein Verbrechen begangen worden ist. Ist es, Symptom dieser Störung, geschehen, so sei es Aufgabe der Gesellschaft, den Straffälligen wieder zu integrieren. Strafe wird dabei als ein pädagogischer Vollzug verstanden.

Für einen theologischen Begriff der Strafe, die Gott über uns verhängt und die Christus übernommen hat, hat bislang nur die Sühnetheorie eine Rolle gespielt. Sie gerät freilich in Schwierigkeiten, sobald der metaphysische Rahmen, die Vorstellungen von Hölle und Seligkeit, zerstört oder doch mindestens so fragwürdig geworden ist, daß innerweltliche Entscheidungen, etwa zur Frage der Todesstrafe, nicht mehr gefällt werden können mit Hilfe solcher dem Rahmen entsprungenen Vorstellungen. Die Folge dieser Schwierigkeit mit der Strafe ist, daß die Theologie in dieser Sache mehr und mehr verstummt – ein Streit über die Dauer der Höllenstrafen, wie er noch Leibniz bewegt hat, wäre heute unmöglich. Es ist aber die Frage, ob die Theologie tatsächlich darauf verzichten kann, das zu verstehen, was in der Sprache der Tradition „Hölle" genannt wird. Ein nachmetaphysisches Verstehen dieser Sache kann nicht von dem nachmetaphysischen allgemeinen Verständnis von Strafe absehen.

Theologisch relevant sind beide Theorien, und ein Satz wie „Die Strafe liegt auf Ihm, auf daß wir Frieden hätten" handelt faktisch weniger von Sühne als von Resozialisierung: der Friede Gottes ist unsere Resozialisierung. Christus resozialisiert uns, will sagen, er bürgert uns ein in sein Reich. Aber eben als Bürger sind wir der Verantwortung nicht ledig, wie Unzurechnungsfähige, die laufengelassen werden.

Strafe wird allerdings von dem wahren Lehrer, der Christus ist, anders vollzogen als von einem bloßen Richter. Der Unterschied zwischen beiden Leitbildfiguren läßt sich an ihrem Verhältnis zu den Gestraften ablesen. Zur Klärung führen wir ein Beispiel der neueren Pädagogik an, nämlich das Verständnis von Strafe, wie es Makarenko entwickelt hat[76]. Er erklärt den Vollzug einer Strafe nur unter der Bedingung für sinnvoll, daß der Strafende selber unter der Strafe, die er verhängt, leidet. Jede andere Art von Strafen, die vom Lehrer nur verursacht, aber nicht in ihrem Gewicht erfahren wird, ist nach der Einsicht Makarenkos fruchtlos. Der Pädagoge muß ebensoviel aufwenden – etwa an verlorener Zeit bei einem Nachsitzen – wie der Schüler. Strafe ist hier also nicht das, was von seiten eines Subjekts über ein Objekt verhängt wird, sondern sie ist ein die Person betreffender Vollzug, der, weil die Person nie allein gedacht werden kann, die zu ihr Gehörigen mittrifft. Die Identifikation des stellvertretenden Lehrers hebt die Unterscheidung von Handelndem und Behandeltem auf.

Man braucht dieses Verständnis von Strafe nur einen Augenblick lang, probeweise, in das Gehäuse der christlichen Dogmatik zu übertragen, um seine reinigende und klärende Wirkung zu bemerken. Denn die Hauptschwierigkeiten des älteren An-

---

[76] Vgl. A. S. Makarenko, Ein pädagogisches Poem, Werke, Berlin 1958, Bd. I. Ders., Ein Buch für Eltern, Werke, Bd. IV

satzes, sei es der satisfactio, sei es einer Sühnetheorie, bestehen ja eben in jenen Vorstellungen von Gott, dem „alten Orientalen", wie Nietzsche ihn genannt hat, der strafen will oder muß um jeden Preis und dem jeder recht ist, wenn nur das Strafsoll erfüllt wird. Wo wie noch bei Anselm die Strafe vom Gesichtspunkt des verletzten Gutes aus gedacht wird – und nicht als Ausgleich einer gestörten Beziehung zwischen Personen –, da entstehen jene seltsamen theologischen Querelen um Recht oder Gnade, Gerechtigkeit Gottes oder Barmherzigkeit Christi, die in eine konstruierte, aber nichtnivellierbare Spannung geraten. Handelnder und Behandelter bleiben da, wo Gott auf seine Ehre bedacht sein muß, unversöhnt einander gegenüber in einem System von Herrschaft und Knechtschaft. Eben mit diesem System ist es aus, wo der Herr sich selber mit dem Knecht stellvertretend identifiziert. Eine echte Identifikation kann nur dort stattfinden, wo der Strafende selber leidet unter der Strafe, nicht weniger als die Bestraften. Christus, der vorläufig unsere Stelle vertritt, straft uns so, daß er selber leidet. Eben das ist: Lehrersein.

Ein theologischer Begriff von Strafe, der nicht hinter der Menschlichkeit Makarenkos zurückstehen will, kann nicht die durch Christus überwundenen Herr-Knecht-Zustände restaurieren. Der Ausdruck „Strafe" könnte allerdings leicht in eine metaphysische Irre führen, als handle es sich um ein pädagogisches Mittel Gottes, das er brauchte, um sich durchzusetzen. Welchen Sinn hat die durch Identifikation verhängte und mitgetragene Strafe, wenn sie nicht mehr postmortal verstanden werden kann? Wir verstehen hier unter Strafe, die Gott wegen der Sünde der Welt verhängt, die geschichtliche Konsequenz aus bestimmten Bewußtseinszuständen und Taten.

Was immer wir tun oder auch nur denken, ändert die Welt, in der wir leben, es formt sie um, und an diesen unbeabsichtigten oder gewollten Veränderungen sind wir schuld. Die veränderte Welt wirkt wiederum auf uns ein, sie zwingt uns zum Beispiel in den politischen Kausalnexus von Schuld (der Deutschen), Vergeltung (der Polen) und Revanche (der Deutschen). Diese Einwirkung, die unsere Möglichkeiten begrenzt, ehe wir sie wahrnehmen konnten, sei hier „Strafe" genannt. Dabei wird aus dem Handelnden, dem strafenden Gott, nichts anderes als das Ensemble der gesellschaftlichen Verhältnisse: wer Wind sät, wird Sturm ernten.

Eine andere, eine metaphysische Betrachtungsweise der Strafe Gottes ist nicht mehr nachzuvollziehen, und sie trägt im übrigen auch nicht mehr aus als diese, die die Metaphysik im Ensemble der gesellschaftlichen Kräfte aufbewahrt. Wem dies schon als Aufweichung gilt, wer meint, Gott müsse absoluter strafen, der hat den tödlichen Kreislauf solcher sozialen und individualen Folgeerscheinungen noch allzu harmlos genommen. Wenn man vom Zorn Gottes und seinem Richtersein heute nicht mehr im Sinne eines supranaturalen Eingreifens hier oder in postmortalen Welten reden kann, so ist Sartres Satz „Die Hölle – das sind die anderen" eine theologisch relevante Beschreibung, die mehr von Gott weiß als die, die seine Hölle verschweigen, weil sie metaphysisch nicht mehr von ihr zu reden wagen.

Die weltlich konkrete Strafe sieht so aus, daß die Zerstörer von Hoffnung in einer Luft der Hoffnungslosigkeit leben. Was sie anderen anzutun glaubten, das haben sie sich selbst angetan, es bestimmt sie. Der Fluch der bösen Tat ist ihre Rückwirkung auf Welt und Ich, der sich niemand entziehen kann. Wer lügt, belügt sich, wer andere als Gefangene behandelt, ist selbst gefangen. Die Lieblosen langweilen sich, es bedarf keiner schlimmeren, etwa postmortalen Höllenstrafen als dieser Anheimgabe an die produzierte, so oder so fixierte Welt. Jeder bekommt lebenslänglich für das, was er ist. Christus hat dieses Gesetz von der Hölle der andern, die ich mir selber mache, das bei Paulus das „der Sünde und des Todes" genannt wird, nicht aufgehoben, als ein ungültiges deklariert, sondern er hat es „erfüllt" — mittels der Identifikation. Er ist „unter das Gesetz getan" (Gal. 4, 4), indem er sich stellvertretend mit denen unter dem tödlichen Kreislauf identifizierte.

Verstehen wir Christus als den wahren Lehrer, so ist sein Richtersein und Strafeverhängen in diesem Lehrersein enthalten. Christus straft uns so, daß er selber leidet: er identifiziert sich mit dem Leben der lebenslänglich Verurteilten. Er leidet all das, was aus der Zerstörung der Hoffnung erwächst. Das Lamm Gottes, das die Sünde der Welt „trägt", ist der Mensch Gottes, der die unmenschliche Welt „trägt", nämlich die Konsequenzen ihrer Sünde: die Zerstörung. Christi ganzes Leben ist bestimmt von dieser unendlichen Identifikation mit denen, die durch sich selbst bestraft sind. Christus macht die Wärter von Gefangenen auf das Gefängnis aufmerksam, in dem sie selber leben – und zwar, indem *er* sich als ihr Gefangener erweist. Er identifiziert sich unendlich: ohne vorher zu erfüllende Bedingungen, ohne Grenzen, wie sie durch Klasse, Rasse oder Geschlecht gebildet werden. In solcher Identifikation ist das Verhältnis von Handelndem und Behandeltem aufgehoben. Christus gehört gleichzeitig zu beiden Parteien – er straft und er wird gestraft. Damit nimmt er der Strafe den Charakter des schicksalhaften Verhängnisses, sie überfällt nicht mehr als etwas Sinnloses den, dem sie auferlegt wird, weil der Richter sich mit dem Angeklagten identifiziert. Der Lehrer erleidet die Strafe mit an der Seite der Schüler.

Das bedeutet nicht, daß in solcher Identifikation Christus und die von ihm Vertretenen zu simpler Identität verschmölzen. Identifikation ermöglicht Identität aus der Distanz. Der Identische ist zugleich der Nichtidentische, und nur von dieser

Nichtidentität aus anerkennt und setzt er Strafe. Das dialektische Verhältnis zwischen Lehrer und Schüler ist das der Identität in der Nichtidentität, des „Einsseins im Getrenntsein", wie der junge Hegel formulierte. Als der Lehrer – oder der Vorläufer – hat er eine andere Stufe erreicht, sein Miterleiden der Strafe aber, seine Identifikation mit der vertanen Sache des anderen, macht ihn zum Knecht, der übernimmt und duldet. Nur durch und in der Identifikation eines anderen mit der eigenen vertanen Sache kann der Schüler lernen, sich selber mit seiner eigenen Sache zu identifizieren, das heißt aber, Strafe anzunehmen. Weil Christus sich mit uns identifiziert, lehrend und strafend, darum bringt er uns zu beidem, zur Selbstannahme als Schuldige *und* zum Frieden. Er vermittelt die beiden Ansätze zur Begründung der Strafe: Sühne erscheint im Bewußtsein der Nichtidentität und Frieden erscheint im Prozeß der Resozialisierung. In Christi stellvertretender Identifikation haben wir Identität in der Nichtidentität, nämlich Frieden mit Gott.

4. Die Abhängigkeit Christi von uns

Vorläufigkeit und Identifikation sind Kriterien der Stellvertretung, die Christus für uns „vor Gott" leistet. Beide hängen eng mit einem dritten Merkmal zusammen: der Abhängigkeit des Vertreters von denen, die er vertritt. Was immer Christus tut, als Vertreter hat er sich abhängig gemacht von unserer Zustimmung. Stellvertretung kann nur als bedingte gedacht werden, nicht als ein automatisch wirksames Geschehen. Christus handelt bedingt an unserer Stelle, gewärtig, daß wir seine Art der Vertretung unseres Lebens für absurd halten und ablehnen. Christus ist wie jeder Stellvertreter – andernfalls wäre er Ersatzmann – abhängig von unserem Ja oder Nein, von unserer Zustimmung.

Die Abhängigkeit Christi ist die Bedingung seines Leidens. Er hängt ab vom Sadismus der sich langweilenden Besatzungssoldaten, er hängt ab von „meinen Sünden", die ihn geschlagen haben. Seine Identifikation mit unserem wirklichen Leben geht so weit, daß es von nun an sinnlos ist, von ihm allein, von ihm als solchem, von ihm außerhalb seines Erfolges und seines Scheiterns zu reden. Er hängt davon ab, was wir aus ihm machen. Es steht ja nicht so, daß die Annahme seiner Identifikation, der Sinn seines „Opfers" vorweg so gesichert wäre, daß wir im Zuge eines heilsgeschichtlichen Mechanismus „Frieden hätten". Er setzt sich – sein Leben, seine Arbeit, seine Sache – aufs Spiel, indem er sie von uns abhängig macht. Er setzt, so können wir auch sagen, seinen Gott aufs Spiel, indem er die Wahrheit dieses Gottes von unserem Ja abhängig macht.

Nur im Horizont dieser Abhängigkeit kann vom

Leiden Christi im Ernst gesprochen werden. Abhängigkeit und die Fähigkeit zu leiden, hängen aufs engste zusammen: der Unabhängige leidet nicht. Deswegen ist jede stoische Deutung des Leidens Christi ganz sinnentstellend. Wo nur der Körper leidet, die Seele aber unabhängig und in Freiheit von solchem bloß „äußeren" Geschehen ist, da mag stoische Ataraxie am Platze sein. Da steht nichts auf dem Spiel, außer dem, daß der Held sein Gesicht verlieren kann. Das Leiden „für" andere kann im Verständnis der stoischen Bewährung gar nicht aufkommen; es ist ein Unterschied, ob einer zur Bewährung leidet, damit seine Standhaftigkeit geprüft und schließlich bewährt werde, oder ob einer, dem keine innere Souveränität zur Verfügung steht, ausgeliefert ist an das Leiden – wie Christus. Für den stoischen Helden oder Märtyrer spielt es keine Rolle, woran er leidet; das Woran hat mit dem Sinn des Leidens nichts zu tun. Anders bei Christus! Er leidet „für uns", indem er an uns leidet – aus diesem Grunde wird er, wie Pascal gesagt hat, „in der Agonie sein bis zum Ende der Welt". Es gibt für ihn keinen Ausweg nach innen, in die Würde oder die Haltung der Person, es gibt nur ein „Darunterbleiben", wie der neutestamentliche Ausdruck für Geduld heißt, nämlich in der Abhängigkeit des Stellvertreters, der sich ohne Rest ausgeliefert hat. Christus behält sich selbst nichts vor, auf das er sich zurückziehen könnte. Er hat auch nicht „Gott im Rücken", so daß es ihm nun einerlei sein könnte, ob die Welt tobt oder springt. Auch für Christus ist Gott der Kommende, der noch aussteht. Leiden heißt im christlichen Sinne immer beides: das Ich *und* den Gott ausliefern.

Ohne solches Leiden, das in der Abhängigkeit gründet, ist Stellvertretung nicht denkbar – es sei denn magisch oder im Sinne des Ersatzes. Die Ushebti helfen den ägyptischen Toten nicht „kraft ihrer Angst und Pein", sondern unabhängig. Weder der Ersatzmann noch die Ersetzten kennen andere Möglichkeiten außerhalb ihres Ganz- oder Kaputtseins – jener Zwischenzustand des Vorläufigen, Lebendigen und Leidensfähigen wird von ihnen ignoriert.

Wer den andern vertritt und sich damit abhängig macht, muß mit dem Schlimmsten rechnen. Wer sich identifiziert, kann nicht mehr Zeit und Ort der Identifikation aussuchen; nimmt er sich zurück, so ist er nicht mehr identisch. Hält er sich einmal draus, so hat er sich ein für allemal drausgehalten. Wer vorläuft, wird in seiner ganzen Vorläufigkeit entlarvt, wenn niemand nachkommt. Eben in dieser Weise setzt sich Christus, der Lehrer, der Vorläufige, aufs Spiel. Gegen diese Theologie des andauernden stellvertretenden Leidens erhebt sich ein Einwand von seiten derer, die die Auferstehung und nicht das Kreuz für das zentrale Ereignis, das christlichen Glauben begründet, halten und die in der Auferstehungswirklichkeit den endgültigen Sieg Gottes über seine Feinde erblicken, nicht nur ein vorweggenommenes Hoffnungsbild. Für sie ist das Kreuz, in dem Christus sich aufs Spiel setzte, etwas bloß Historisches, ein Durchgangsstadium, dem die Macht und die Herrlichkeit Gottes ein Ende bereitet hat. Die Wirklichkeit der Geschichte ist ihnen präfiguriert in Ostern, und von Ostern an datiert die Herrschaft Christi.

Das bedeutet aber, daß in der Geschichte der Welt nichts mehr geschehen kann, was unerwartet und nicht in dem an Ostern enthüllten Heilsplan Gottes vorgesehen wäre. Geschichte wird zum Abrollen eines Vorgegebenen, der einzelne kann zwar seine Teilhabe am erschienenen Heil verspielen oder sich von dieser Teilhabe ausschließen, aber das bedeutet für die grundsätzlich erlöste Welt nichts mehr. Es bleibt darum auch relativ gleichgültig, ob man die weiter andauernde Zeit als Entwicklung, Prozeß oder auch als in Christus ereignetes „Ende der Geschichte" (Bultmann) beschreibt. In jedem Falle ist die Geschichtlichkeit des Menschen im Lichte solcher Osterwirklichkeit preisgegeben. Denn Geschichtlichkeit als eine Grunderfahrung des modernen Daseins läßt sich definieren als das Auf-dem-Spiele-Stehen des Menschen in der Zeit. Er kann sein Leben, aber zugleich auch das seiner Welt, deren Herr er im neuzeitlichen Verständnis von Mündigkeit und Verantwortung ist, verwirken und vertun, er „hat" sich nicht als Selbstverständlicher im Gegensatz zu allem vorfindlichen Seienden, sondern er entwirft sich stets neu. Dieser Charakter des Entwerfens bleibt erhalten nur im Horizont einer Welt, in der Auferstehung nur ein Anbruchszeichen, ein Angeld der Erlösung (Eph. 1, 14) und nicht ihre manifeste Wirklichkeit ist.

Wir hoffen noch immer auf die Auferstehung Christi als gewonnene Identität aller, weil nicht der endgültige Christus uns aus den Verstrickungen der Welt und ihrer auf dem Spiele stehenden Geschichte herausgenommen hat, sondern weil der vorläufige Christus bis ans Ende der Tage am Kreuz der Wirklichkeit hängt. Nur hier, am Kreuz, identifiziert sich Christus mit den Ängsten und Leiden derer, die Gott verlassen hat, mit der Schuld und der ihr immanenten Weltzerstörung derer, die Gott vergessen haben. Seine Auferstehung hat dieses Gesetz der Welt – daß die Liebe zugrunde geht, indem sie sich identifiziert mit den Zugrundegehenden – nicht aufgehoben in ein Höheres und Erfüllteres, sondern sie hat es nur allgemein-gültig und symbolisch-anschaulich gemacht. Indem die Botschaft Jesu durch das, was seine Jünger als Auferstehung erlebten und verkündeten, in die Welt kam, wurde aus der historischen Person Jesus der Christus des Glaubens, dessen Kreuz von Golgatha aus die ganze Welt überschattet. Im Symbol der Auferstehung drückt sich dieser Schatten des Kreuzes so in die Wirklichkeit ein, daß er als Deutungskategorie für die Augen des objektivierenden Beobachters, als Lebensmöglichkeit für die, die solche Identifikation eines anderen mit sich selber annehmen, nicht mehr vergessen werden kann.

5. Die Bedeutung des Ausdrucks „vor Gott"

Es sollte sich erübrigen, die zugleich mit diesen Kriterien gegebene Grundbestimmung der Stellvertretung Christi überhaupt noch eigens zu erwähnen – die Aussage nämlich, daß Christus uns „vor Gott" vertritt. Denn entweder ist diese Bestimmung im Bisherigen enthalten und kann ihm nichts mehr hinzufügen, oder aber das Bisherige ist nebensächlich und belanglos und bedarf eines Überbaus. Ist das „vor Gott" nicht im Prädikat „Christus vertritt uns" enthalten, so bleibt die Hinzufügung der Vokabel Gott deklamatorisch. Wo solche Stellvertretung geschieht, da ist auch Gott, wenn auch nicht im unmittelbaren Sinne eines religiösen Gegenübers, da wird von Gott gesprochen, unabhängig von der Erwähnung seines Namens. Alle hier gemachten anthropologischen Bestimmungen, daß der Mensch einen Vorläufer braucht, um im Aufschub sein zu können, daß er Identität gewinnt mit Hilfe fremder Identifikation, daß er als Stellvertreter sich selber abhängig macht und leidet, weil er sich aufs Spiel setzt –

alle diese Sätze reden von Gott, und zwar im theologisch einzig möglichen Sinne: sie reden von dem, was er an uns tut. Christus, der uns vor Gott vertritt, nimmt sich als einen Vorläufigen an, er lebt im Vorläufigen und versetzt uns ins Vorläufige, indem wir uns selber annehmen können. Sich als einen solchen, der im Aufschub lebt, anzunehmen, bedeutet aber nichts anderes, als „zu Gott" vorzulaufen und das wirkliche Leben oder die Identität in ihm zu wissen. Das in ihm Gewußte, in ihm Gerettete, unsere Identität, die hier nicht ist, aus der wir aber die Kraft einer sich klarer bestimmenden Negation des faktisch Gegebenen haben, ist in Christus symbolisiert. Christus vertritt unsere unersetzliche Einmaligkeit, den „unendlichen Wert des Subjekts". Aber so gewiß er dies „vor Gott", nämlich in Unbedingtheit tut, so evident auch implizieren die Strukturen, in denen sich seine Stellvertretung ausdrückt – Vorläufigkeit, Identifikation und Abhängigkeit –, keine unmittelbare und in diesem Sinne religiöse Beziehung zu Gott.

Christus, der uns vertritt, macht sich abhängig von uns. Er liefert sich uns aus, indem Gelingen oder Scheitern seiner Sache von uns abhängt. Eben darin aber liefert er sich Gott aus. Denn es gibt nur eine einzige Art, sich von Gott abhängig zu machen, das ist, sich von Menschen abhängig zu machen. Man kann sich ihm nur ausliefern, wo man sich Menschen ausliefert. Eine direkte unmittelbare

Hingabe an Gott, wie sie von den Heiligen der großen Religionen bezeugt wird, ist im nachtheistischen Stadium nicht mehr möglich. Gott ist uns nicht unmittelbar da. Sein großes Inkognito, „der geringste unter diesen meinen Brüdern", ist unaufhebbar geworden, und wir haben keinen Grund, dies zu beklagen. Denn Christus ist ja eben der Beginn dieses Stadiums, in dem für Gott einsteht, wer für andere da ist, und in dem alle Auslieferung an Menschen die Auslieferung an Gott enthält. Christus, der uns vertritt, identifiziert sich mit uns. Eben diese Identifikation mit einem anderen lebt aus der Identifikation mit Gott. Auch hier gilt: eine andere, eine sozusagen gottzugewandte unmittelbare Identifikation mit Gott gibt es nicht. Denn wenn mit der Sache der Identifikation das radikale Sein für den andern angegeben ist, so gibt es über dieses Sein für andere hinaus nichts, was wir „Gott" tun oder sein könnten. Er hat sich impliziert in unsere Geschichte. Zwar scheint es, als seien unmittelbare Formen des religiösen Lebens unangetastet von den Wandlungen einer Geschichte, in der Gott nur noch vermittelt erscheint. Gebet, vor allem in den Formen der reinen Anbetung, des Lobes, erscheint als ein solches Relikt unmittelbaren Verhaltens zu Gott. Dennoch gilt auch für das Gebet, wie immer es in nachchristlicher Welt überleben wird, daß der Blick auf Gottes Zukunft, der hier getan wird, seinen Ausgang nimmt von der Identifikation mit der

Welt, in der wir leben. Es ruft Gott in diese Welt hinein, aber dieser Ruf ist nur dort Ruf nach Gott, wo er der Erde treu bleibt; anderenfalls ist er Ruf nach einer Ersatzbefriedigung, Beruhigungsmanöver — kurz eine Ersatzleistung. Das Gebet ist „vor Gott", indem es in der Welt ist. Christus ist vorläufig; sagen wir „zu Gott", so präzisieren wir nur die Vorläufigkeit, aber wir haben ihr nichts Neues hinzugefügt. Christus macht sich von uns abhängig, sagen wir „von Gott abhängig", so ist nichts anderes gesagt als die radikale Auslieferung an den anderen. Christus identifiziert sich mit uns; sagen wir „vor Gott", es bleibt sich gleich, denn wo diese identificatio stattfindet, da ist Gott.

CHRISTUS VERTRITT GOTT BEI UNS

6. Der Tod Gottes und die Vorläufigkeit Christi

Christus vertritt uns nicht nur vor Gott, sondern gleichermaßen vertritt er Gott bei uns. Diese Repräsentanz Gottes in Christus ist zwar im Lauf der Tradition immer wieder dogmatisch aufgeschlüsselt und theologisch reflektiert worden, aber ausschließlich unter Gesichtspunkten, die in Gott ihren Ausgang nahmen. Gott teilt sich selbst in Christus mit, er erschließt sich selbst in Christus. Das eigentliche Subjekt dieses unter den Stichworten „Offenbarung" und „Inkarnation" reflektierten Ereignisses ist Gott: er handelt; und der Gedanke, daß Christus Gott vertritt und an seiner Stelle für uns handelt, ist zwar im Neuen Testament überwältigend bezeugt, er hat aber unter dem Gesichtspunkt der Stellvertretung keine dogmatische Entfaltung gefunden. Stellvertretung blieb auf den an unserer Stelle handelnden und leidenden Christus beschränkt, die Vertretung, die der an Gottes Stelle handelnde und leidende Christus leistet, blieb unreflektiert.

Eine christologische Dimension war verschüttet. Die Ursache für dieses Fehlen ist vermutlich im mehr oder weniger selbstverständlichen Theismus der bisherigen Theologie zu suchen. Solange Gott „lebt" und Menschen sagen können: „Und ein

Gott ist! Ein heiliger Wille lebt!", fehlt die theologische Nötigung, die Repräsentanz Gottes in Christus als Stellvertretung eines Abwesenden zu bedenken. Denn lange genug wurde Gott erfahren als das Unmittelbare schlechthin, gewisser noch als das eigene Ich. Alle bisher bekannten Formen der christlichen Religion setzen ein unmittelbares Verhältnis zu Gott voraus und sind daher in dem Augenblick bedroht, wo Gott als moralische, politische und naturwissenschaftliche Arbeitshypothese unnötig geworden ist. Sie werden ausgehöhlt in dem Augenblick, da Schicksalsschläge den Menschen nicht mehr naturhaft unvermittelt treffen, und von der Zeit an, da die urtümliche Erfahrung, daß der Mensch an die Mächte der Natur ausgeliefert ist, durch Medizin, Welthandel und eine mindestens der Theorie nach rationale Planung politischer Veränderungen zurückgedrängt und abgeschwächt wird. Die Religion wird ausgehöhlt, weil Gott in der technisierten Welt mit wachsender Geschwindigkeit Terrain verliert. Es entsteht der Eindruck, als sei Gott arbeitslos geworden, weil ihm die Gesellschaft einen Lebensbereich nach dem andern abnimmt. Man kann sagen, daß im Zuge der westeuropäischen Aufklärung die Selbstverständlichkeit Gottes für die ganze Welt zerstört wird. Unmöglich geworden ist der naive Theismus, das unmittelbare kindliche Verhältnis zum Vater droben überm Sternenzelt, unmöglich auch die unmittelbare religiöse Gewißheit, was freilich nicht dazu verführen sollte, vom Ende der Religion überhaupt zu sprechen. Jede metaphysische „Setzung" Gottes, die das „größte neuere Ereignis: daß Gott tot ist" (Nietzsche) nicht bemerkt, weil sie sich simpel darauf beruft, daß Gott lebendig sei, bleibt der Privatheit bestimmter religiöser Anlagen oder Erfahrungen verhaftet.

Erst in dieser Lage des Bewußtseins im nachtheistischen Zeitalter kann der Gedanke, daß Christus den abwesenden Gott bei uns vertritt, sein Gewicht gewinnen. Erst wenn die Selbstverständlichkeit Gottes dahin ist, leuchtet das Wunder Jesu von Nazareth auf: daß ein Mensch Gott für andere in Anspruch nimmt, indem er ihn vertritt. Die Herausforderung, die der Tod Gottes darstellt, kann auf zwei verschiedene Weisen beantwortet werden, ähnlich wie andere Verluste, die wir erfahren: entweder man nimmt Gottes Abwesenheit als seinen Tod und sucht oder schafft sich Ersatz, oder aber man nimmt seine Abwesenheit als eine Möglichkeit seines Seins-für-uns. Unbesetzt bleibt die Rolle Gottes in keinem Falle. Es ist evident, wie die Gesellschaft mittels ihrer Rationalität und Lebenstechnik im weitesten Sinn des Wortes hervorragende Funktionen des früheren Gottes übernommen hat und wie sie durchaus in der Lage ist, diese einst von Gott getragenen Funktionen zu erfüllen, vermutlich in einigen Bereichen, wie Welterklärung, Krankenheilung, Katastrophenschutz, eher besser als der so oft vergeblich angeflehte Gott von einst. Ebenso evident ist aber die Lückenhaftigkeit des Gottesersatzes, den die Gesellschaft bietet. Sie vermag ein immer wieder neu überschießendes religiöses Bedürfnis, das nach Sinn und Wahrheit des Lebens, nach Identität der Person und nach dem Reich dieser Identität fragt, nicht zu befriedigen. Diese bleibende Fraglichkeit einer absurden Situation zwischen Sinnlosigkeit und Sinnverlangen nötigt uns zu der Inkonsequenz: daß Gott vertreten werden muß.

Die Abwesenheit Gottes kann verstanden werden als eine Weise seines Seins-für-uns. In diesem Fall ist man darauf angewiesen, daß einer den unersetzlichen Gott vertritt. Damit verschiebt sich Nietzsches Aussage, daß Gott tot sei, zu einem „Gott muß vertreten werden" – ein Gedanke übrigens, der Nietzsche, der von den „Häutungen Gottes" zu reden weiß, nicht so fern liegt. Gott muß vertreten werden heißt: Gott ist – jetzt – nicht da. Es klingt unseren, den naiven Anthropomorphismen entwöhnten Ohren einigermaßen anstößig, wenn wir von Gott sagen, daß er krank, verreist oder unfähig sei. Aber so absurd ist solche Rede nicht, weil sie, ähnlich wie Bubers Ausdruck von der „Gottesfinsternis", die Herausforderung annimmt, die darin liegt, daß Gott jetzt, in dieser Weltzeit, nicht gegenwärtig und unmittelbar zu erfahren ist.

Christus vertritt den abwesenden Gott, solange dieser sich nicht bei uns sehen läßt. Vorläufig steht er für Gott ein, und zwar für den Gott, der sich nicht mehr unmittelbar gibt und uns vor sein Angesicht stellt, wie es die religiöse Erfahrung früherer Zeiten als erlebt bezeugt. Christus hält diesem jetzt abwesenden Gott seine Stelle bei uns offen. Denn ohne Christus müßten wir dem Gott, der sich nicht zeigt und der uns verlassen hat, „kündigen", wir hätten keinen Grund, weiter auf ihn zu warten oder ihn nicht für tot zu erklären. Wir könnten unser Einverständnis aussprechen, Ersetzbare zu sein, wir könnten uns nach Analogie von Maschinenteilchen in der Gesamtstruktur der Gesellschaft verstehen. Wenn in Christus nicht das Bewußtsein der unteilbaren Freiheit aller aufgegangen wäre – und Freiheit ist der neutestamentliche Name für Identität –, so könnte die Frage nach der Identität verstummen, die der Stellvertreter Gottes doch so gestellt hat, daß sie nun nicht mehr überhört werden kann. Weil Christus eine neue Art dazusein in der Welt aufgebracht hat, darum kann Hoffnung nicht mehr aufgegeben werden – die Stellvertretung Christi ist ihre transzendentale Ermöglichung.

Angesichts ihrer aber ist das, was Nietzsche den „Tod Gottes" genannt hat, „daß die obersten Werte sich entwerten", in der Tat nur Tod seiner Unmittelbarkeit, Tod seiner ersten unvermittelten Gestalt, Auflösung einer bestimmten Gottesvorstellung, die das Bewußtsein vollzieht. Darum hat es Christus nicht nötig, Nietzsches Wort vom Tode

Gottes zu widersprechen im Sinne eines naiven Gottesbewußtseins – und wo der Dialog zwischen Christen und Nichtchristen ein stumpfsinniges Hin und Her von affirmativer und negativer Behauptung ist, da ist es jedenfalls nicht Christus, der so redet. Sagen, daß Gott „sei", ist keine Antwort auf die neuzeitliche Herausforderung, eben weil Nietzsche nicht sagt: Gott ist nicht. Sein toller Mensch verkündigt nicht die Allerweltsweisheit eines Atheismus, der positivistisch etwas über die Existenz oder Nichtexistenz eines himmlischen Wesens feststellen zu können glaubt. Schreiend läuft der tolle Mensch herum im Gegensatz zu den vielen Vernünftigen. „Ich suche Gott." Es geht Nietzsche sowenig wie dem christlichen Glauben um Gott, wie er „an sich" ist: der ist als vorfindlicher Gegenstand des Bewußtseins tot; es geht ihm um den Gott, der für uns und mit uns lebt. Der tolle Mensch beklagt die evidente Unwirksamkeit Gottes und denkt nicht daran, seine Unwirklichkeit festzustellen. Diese Unwirksamkeit aber wird dort ernst genommen und aufgehoben zugleich, wo einer im Bewußtsein ihrer, wenn auch in der Hoffnung, die diesem Bewußtsein Widerstand entgegensetzt, für Gott eintritt. Wo der Unwirksame – vorläufig – vertreten wird, da sind die Erfahrungen vom Tode Gottes und der Glaube an die Auferstehung Christi miteinander gegenwärtig, um über das, was wirklich ist, zu streiten.

Es ist nicht wahr, daß diese beiden Erfahrungen

einander ausschlössen. Nicht kontradiktorische Gegensätze sind sie, sondern solche, die sich dialektisch vermitteln lassen in eine neue Einheit, eine Theologie nach dem Tode Gottes. Es gibt Menschen genug, die beiden Erfahrungen, der vom Tode Gottes und der vom Leben Christi, ausgesetzt sind und die beiden standzuhalten versuchen. Wer sie zu einer Entscheidung zwischen diesen beiden zwingen will – mit den Mitteln angeblicher Logik, herkömmlicher Tradition, kirchlicher Theologie –, der betreibt das Geschäft des Positivismus, er verrät die, die in dieser doppelten Erfahrung sind, an die selbstgewisse Gemütlichkeit derer, die es genau wissen: es gibt keinen Gott, und Christus ist tot – oder aber, schlimmer, an jene, die es ebenso genau wissen: Gott ist, und darum lebt auch Christus. Christus aber ist nicht Ersatzmann des gestorbenen Gottes, sondern Stellvertreter des Lebendigen, für den eben das gilt, was wir für den Menschen in Anspruch nehmen: daß er unersetzlich, aber vertretbar sei. Denn Gott hat sich noch nicht vollständig innerweltlich ausgesprochen und seine Sache nicht so abgegeben, daß er überflüssig geworden wäre. Identität steht noch aus — wäre es anders, so ersetzte Christus nur den vergangenen Toten. Aber Jesus von Nazareth hat Gott die Zukunft offengehalten, indem er ihm „vorlief"; und eben dies ist das Geschäft Christi bis heute: Vorläufer Gottes zu sein.

Dies geschieht aber nicht nur da, wo von Gott und

Christus die Rede ist, also nicht nur da, wo Christus expliziert, verkündigt und gefeiert wird. Viel weiter als das Bewußtsein von Christus reicht sein Sein, größer als die Kirche ist sein Reich. Denn da Christus es gewagt hat, den abwesenden Gott vorläufig zu vertreten, darum ist nun Christus überall dort impliziert, wo ein Mensch an der Stelle Gottes handelt oder leidet. Was bedeutet das, an der Stelle Gottes handeln und ihn vertreten? Es bedeutet, für die unersetzliche Identität von anderen so einzustehen, daß es ihnen möglich bleibt, identisch zu werden. Vorläufigsein heißt vorlaufen zu den Menschen hin, bevor Gott sie erreicht hat – aber damit er sie erreiche. Eben das hat Christus getan, aber nicht exklusiv. Der vorläufige Christus ist zugleich der implizierte Christus, der größere, der die Grenzen der Aussage über ihn, die Grenzen der praedicatio directa, überschritten hat. Es gibt eine anonyme Christlichkeit in der Welt, die sich selber nicht als christlich weiß und die sich nicht auf Christi Namen und Auftrag beruft, die aber dennoch in stellvertretender Vorläufigkeit Christi Sache tut. Dieser anonymen oder „latenten Kirche" (P. Tillich) gegenüber hat die verfaßte Kirche die Funktion der Bewußtseinsbildung: sie soll die Selbstverständigung des Glaubens betreiben, Rechenschaft ablegen und die Selbstdarstellung des Glaubens – als vorläufiges Eintreten für Gott – bedenken, fördern und vollziehen.

Man mag einwenden, daß in diesem Zusammenhang der Ausdruck „Christus" zu einer Chiffre oder Metapher geworden ist, die für anderes gutsteht, eben für das „Neue Sein" (Tillich) als die unersetzliche Identität.

Was den Ausdruck „Chiffre" anlangt, so enthält er nicht weniger als das ältere Wort Botschaft oder auch Evangelium: Nachricht an jemanden über etwas. Und in der Tat ist Christus die Nachricht an die Welt über das wirkliche Leben. Die Frage, die sich heute an den christlichen Glauben richtet, wäre, ob diese Chiffre endgültig aufgeschlüsselt, entziffert und somit erübrigt werden kann. Das könnte allerdings nur der Fall sein in einer Welt, die diese Nachricht nicht mehr braucht, weil sie sie als Information zur Kenntnis genommen und verarbeitet hat. Solange dies nicht der Fall ist, ist die Entschlüsselung noch nicht vollständig gelungen. Man kann sagen, daß in einer unmenschlichen Welt der Name Christi eine nicht-auflösbare Chiffre, eine „absolute Metapher" darstellt, die anders als die klassische Metapher nicht gebunden ist durch die Analogie zwischen Sache und Bild. Weit entfernt von einer adaequatio rei, entstammt sie weniger einem Vergleich als einem Sprung. Wir vollziehen die Anschauung der Liebe Christi in der Tat nicht oder nur in geringen Spuren per analogiam irgendwelcher vorfindlicher Erfahrungen, wohl aber via negationis. Die absolute Metapher „Christus" enthält diese Negation aller „gottlosen" Verhältnisse, sie enthält das Versprechen der Identität in ihrer stellvertretenden Vorläufigkeit.

Die Chiffre „Christus" ist die Weise, in der Jesus lebendig bleibt bis an der Welt Ende — als das Bewußtsein derer, die Gott vertreten und ihn in Anspruch nehmen füreinander. Der implizite Christus ist dort gegenwärtig, wo sich diese stellvertretende Inanspruchnahme ereignet. Denn nicht nur Christus vertritt Gott in der Welt, auch seine Freunde und Brüder vertreten Gott, indem sie ihm – und das heißt zugleich denen, die ihn brauchen – Zeit lassen.

7. Christi Identifikation mit Gott

Die Proklamation Gottes

Christus vertritt den abwesenden Gott, indem er ihm Zeit läßt, zu erscheinen. Er identifiziert sich mit dem, der jetzt nicht der ist, der er sein könnte, und nimmt ihn für uns in Anspruch. Auch hier beruht Stellvertretung einmal auf der Abwesenheit oder Unfähigkeit dessen, der vertreten werden muß, also des toten Gottes, sodann auf der Vorläufigkeit des Vertreters, der zeitweilig die Rolle des Vertretenen übernimmt. Weil Gott nicht einschreitet und seine Sache zur Geltung bringt, darum tritt Christus an seiner Stelle auf. Er tröstet die, die Gott bislang im Stich gelassen hat, er heilt die, die Gott nicht verstehen, er sättigt die, die Gott hungern ließ.

Aber er tut dies alles in der Identifikation mit dem Abwesenden. Jede Stellvertretung beginnt damit, daß sich der Vertreter mit dem Vertretenen identifiziert – der Lehrer mit dem Schüler, der Richter mit dem Verurteilten, Jesus mit den Zöllnern. Aber, wie am Beispiel aus Jesu Leben deutlich, in jeder solchen Identifikation ist Nichtidentität eingeschlossen, ohne die sie pure Anbiederung, harmlose Gleichmacherei bliebe. Diese Differenz ist es, die den Akt des Sichidentifizierens in seiner Lebendigkeit bewahrt. Identificatio ist eine Beziehung zwischen Unterschiedenen, darum bleibt sie im Vollzug, der erstarrt, wo er an sein Ende, die Ununterschiedenheit, kommt.

Der Inhalt des Evangeliums läßt sich so beschreiben: Christus identifiziert sich mit Gott auf dem Boden der Nichtidentität. Denn Christus ist „wie alle andern", ununterschieden in Armut, Hinfälligkeit und Sterblichkeit. „Gott hat den Himmelsthron verlassen und muß reisen auf der Straßen", wie es im Weihnachtslied heißt. Man kann dieses mythische Bild, das in der Anschauungsform des Raums und des Kosmos gedacht ist, in die Zeit der menschlichen Geschichte übertragen. Gott, der jahrtausendelang als der verehrt und geglaubt wurde, der auf dem Thron des Himmels sitzt, wird seit einer bestimmten Zeit, nämlich dem Auftreten Jesu von Nazareth, als ein enterbtes und heimatloses Wesen angesehen, dem man jederzeit, an jeder Straßenecke begegnen kann. Er ist ununterscheidbar geworden, seitdem Jesus diesen einst thronenden Gott für den Alltag der gewöhnlichen Leute in Anspruch genommen hat. Diese stellvertretende Identifikation mit Gott, die Christus vorlaufend-vorläufig leistet, ist die transzendentale Ermöglichung der Liebe.

Aber Christus hat zugleich die Differenz zu Gott gewahrt, er repräsentiert Gott nur, er ersetzt ihn nicht, und Inkarnation wäre mißverstanden, wenn sie als ein vollständiges Sich-Ausgeben Gottes in die Menschengestalt verstanden wäre, so daß nun nichts mehr von Gott zu erwarten stünde und wir alles von ihm hätten. Von dieser Nichtidentität aus nimmt Christus Gott für uns in Anspruch, indem er für den Abwesenden gutsteht und die Sache des Verreisten übernimmt.

Aber wieder ist zu fragen: Wie soll dies verstanden werden angesichts der neuzeitlichen Erfahrung vom Tode Gottes? Jean Paul hat von dem toten Christus geträumt, der vom Weltgebäude herab zu den Seelen der Verstorbenen sagt, daß kein Gott sei. Der Christus seiner Dichtung vollbringt, in ganz anderem Sinne, als es dem verkirchlichten Christus je gelingen konnte, eine ungeheure Identifikation mit den Menschen der Neuzeit, mit ihren Ängsten und Sehnsüchten. Hier grenzt sich Christus nicht ab, er nimmt sich nicht aus mittels einer höheren Gewißheit, einer unzerstörbaren Bindung, sondern dieser Christus hat sich mit seinen Brüdern solidarisch gemacht bis in die atheistische Grunderfahrung hinein. „Und als ich aufblickte zur unermeßlichen Welt nach dem göttlichen Auge, starrte sie mich mit einer leeren bodenlosen Augenhöhle an; und die Ewigkeit lag auf dem Chaos und zernagte es und wiederkäute sich."[77] Wir können hier, da es nicht um einen geistesgeschichtlichen Zusammenhang geht, davon absehen, daß in Jean Pauls Angsttraum das erlösende Wort nicht von Christus, sondern von dem erwachenden Dichter gesprochen wird, *er* tut das, was eigentlich Christi Amt wäre: er proklamiert Gott für uns. Er ruft den Abwesenden herbei, er verjagt, mittels seiner Dichtung, die Angst um den nichtexistierenden Gott. „Wenn einmal mein Herz so unglücklich und ausgestorben wäre, daß in ihm alle Gefühle, die das Dasein Gottes bejahen, zerstöret wären, so würd' ich mich mit diesem Aufsatz erschüttern – und er würde mich heilen und mir meine Gefühle wiedergeben."[78] Diese Anmerkung zur Dichtung, die ihrerseits atheistischer Alptraum bleibt, darf weder als Zurücknahme der Vision noch auch als bloßes pädagogisch-frommes Anhängsel verstanden werden. Als ein Versuch, „atheistisch an Gott zu glauben", bleibt sie vielmehr Gewißheit in Ungewißheit, ermöglicht durch

---

[77] Jean Paul, Werke, München 1959, Bd. II, 269

[78] a. a. O., S. 266, Anm. 1

den Stellvertreter, der den abwesenden Gott für uns proklamiert. Auch hier bleibt Identität als Gewißheit, „daß der Ewige seine ganze Welt liebt", nur in der Differenz, ermöglicht durch die identificatio aliena.

Es ist für uns nicht abzusehen, ob der christliche Glaube noch einmal über diese Art von „Gewißheit in Ungewißheit", über diese Differenz zwischen Zweifel und Glaube hinauskommen wird in eine andere unmittelbare Evidenz hinein. Versuche solcher Art endeten bisher in Dogmatismus oder Heilspositivismen, sie haben die Christen weltloser gemacht als je, weil sie zu einer Zeit anachronistisch wurden, die ihren massiven Sicherheiten nur ein erstauntes Lächeln entgegensetzen konnte und kann. Es gibt keine andere Evidenz als die der stellvertretenden Identifikation, und es gibt keine größere Sicherheit als die des – proklamierten Gottes. Daß Christus sich mit Gott identifiziert hat, ist der einzige Grund, den ein Glauben an Gott heute haben kann. Solche identifizierende Inanspruchnahme ist kein bloßes Aussagen von Wirklichkeit, die schon zuvor besteht und an der der einzelne mit Hilfe der Identifikation Anteil gewönne. Es steht nicht so, daß Gott erstens „ist" und darum zweitens „auch für dich" sorgt – ein solches Modell von Verkündigung und Applikation wäre immer noch naiv theistisch begründet. Andererseits ist diese Identifikation nicht eine metaphysische Erfindung, die den weltnotwendigen

Gott aus sich heraus produziert. Auch so wäre der Mut Christi, Gott für uns in Anspruch zu nehmen, noch nicht begriffen. In einem Rückgriff auf mythische Aussagen, deren wir nicht ganz entraten können, gerade um des entmythisierten Verstehens willen, läßt sich sagen, daß Gott selbst sich verändert hat, als er Christus seine Rolle unter den veränderten Bedingungen spielen ließ.

Der Schauspieler Gottes

Gott hat sich verändert. Was Mose vor dem Dornbusch geschah, ist unwiederholbar dahin; was Franziskus ertastete und erlebte, ist als ein Unmittelbares nicht mehr nachzuvollziehen; die Ängste Luthers können psychoanalytisch aufgelöst und ihrer Unbedingtheit entkleidet werden. Die fortschreitende Bewußtwerdung hat diese Möglichkeiten der Vergewisserung Gottes ausgeschlossen. Die vergangenen Objektivationen Gottes – in wie immer verstandenen Wundern, Geschichtsfügungen und Offenbarungskontinuitäten – sind von dem sich ausbreitenden kritischen Bewußtsein überschwemmt und ausgelaugt worden. Nichts nötigt uns mehr dazu, diese Objektivationen auf Gott zurückzuführen, seine Hand hier zu erkennen, wo historische, soziologische und psychologische Gesetze walten oder der blinde Zufall sein Wesen treibt.

In dieser veränderten Welt braucht Gott Schauspieler, die seinen Part übernehmen. Solange der Vorhang nicht gefallen ist und das Stück noch gespielt wird, kann Gottes Rolle nicht unbesetzt bleiben. Der Protagonist Gottes heißt Christus, er übernimmt die Rolle Gottes in der Welt, er spielt diese Rolle, die unbesetzt bliebe ohne ihn. Seine Identifikation ereignet sich sozusagen im Rücken der ontologischen Fragestellung nach dem Sein Gottes (die mit den Mitteln unserer Ontologie offenbar nicht zu lösen ist), und sie überholt diese Frage, weil Gott in Christi Rollenspiel gegenwärtig ist, wenn auch nicht mehr als der unmittelbar Erfahrbare.

Man muß sich von der Vorstellung frei machen, als sei die Entäußerung Christi, von der das erwähnte Lied aus dem Philipperbrief spricht, ein kurzes, vorübergehendes Stadium, das nach einigen dreißig Jahren behoben wurde, damit der Ausgangszustand – Gott ist im Himmel, und wir sind auf Erden – schleunigst wiederhergestellt sei. Gott selbst ist in Christus aus der Unmittelbarkeit des Himmels fortgegangen, er hat die Sicherheit der Heimat verlassen, für immer. Er hat sich vermittelt, ist aus sich fortgegangen in die Unkenntlichkeit, in die Nichtunterschiedenheit. Daß es er ist, der so unkenntlich geworden ist, ist der Anspruch seines Schauspielers. Gott selbst, der Macht hatte, wurde gespielt unter der Bedingung der Ohnmacht. Gott selbst, der Heimat bedeutete, wurde gespielt unter der Bedingung der Heimatlosigkeit, der Fremde. Christus, der das gefahrlose Leben verlassen hatte, nahm Gott in Anspruch für die neue Art dazusein – ohne Macht, ohne Heimat, in der Entäußerung.

Diese Art Stellvertretung dessen, der einst unmittelbar und unvertretbar da war, änderte gleichzeitig den, der vertreten wurde. Daß Gott sich in die Welt vermittelte, bedeutet nichts anderes als daß seit Christus alle Unmittelbarkeit an ihr Ende gekommen ist. Gott erscheint nun in der Vermittlung, der Stellvertretung. Christus spielt Gottes Rolle in der Welt – nichts anderes bedeutet Inkarnation. Bei dieser Art der Vermittlung ist es freilich aus mit der Herrschaft, der Macht und allen königlichen Attributen Gottes. Der Gott vertretende Christus ist so in die Welt gekommen, daß seine Vertretung nun zur einzig möglichen Gotteserfahrung wird, einer nicht mehr im geläufigen Sinne religiösen Erfahrung, die im Erlebnis des Heiligen, des fascinosum und des tremendum gipfelte. Die neue, in Ohnmacht und Leiden gestiftete, die profane und weltliche Vertretung Gottes hebt zwar die ältere religiöse Erfahrung nicht so auf, daß sie nicht inner- und außerchristlich weiterhin zäh überlebte, aber sie erübrigt derlei Art von Religion als ein dem Menschen nicht mehr notwendiges Relikt, das relativ zur Beseitigung der gesellschaftlichen und natürlichen Übel an Macht und Einfluß verliert. Die neue, im Fortschritt begriffene Wirklichkeit des vertretenen Gottes, der abwesend ist, läßt den Rückzug auf den erfahrenen Gegenwärtigen als etwas Privates erscheinen, das keine Verbindlichkeit beanspruchen kann.

Greifbar für uns ist der Schauspieler Gottes, der Protagonist, dem viele andere folgten. Was dieser Schauspieler Gottes tat – Gott spielen unter den Bedingungen der Ohnmacht –, steht damit nun uns offen; auch wir können Gott füreinander in Anspruch nehmen. Zwar behält auch dieses Spiel den Vorläufigkeitscharakter, der allem Theater eignet: auch Gott ist nicht vollständig repräsentiert in seinem Vertreter, so daß nichts mehr von ihm ausstünde. Dennoch bedeutet die Identifikation mit Gott, die Christus wagt, zugleich auch für uns die Möglichkeit solcher Identifikation – auch wir können nun Gott füreinander spielen.

8. Christi Abhängigkeit von Gott

Christus stellte sich an die Stelle Gottes. Aber der, der um dieser Lästerung willen zum Tode verurteilt wurde, bleibt doch in einer Distanz zu dem Gott, den er in Anspruch nimmt, die aus dem Akt der Identifikation nicht das Sein in der Identität als Rechtsanspruch ableitet. Die Identifikation mit Gott, seine Inanspruchnahme durch Christus, bleibt Nichtidentität. Denn nur die Nichtidentität läßt Zukunft offen: wäre Christus mit Gott identisch, so hätten wir über ihn hinaus nichts mehr zu erwarten. Indem er aber nur Gottes Stelle vertritt, an Gottes Statt handelt, Gottes Rolle spielt, dem Abwesenden aushilft und sich hinter den Ohnmächtigen stellt, bleibt gerade in dieser Differenz offen, daß dieses hier und jetzt von Christus Geleistete nicht alles ist. Stellvertretung als Vorläufigkeit ermöglicht Hoffnung. Sie ist als Identifikation Liebe im prägnanten Sinne des Daseins für andere; aber weil Christus abhängig bleibt von der Zustimmung oder Ablehnung dessen, den er in der Welt vertritt, braucht der Stellvertreter Glauben. Christus bleibt abhängig von der Annahme oder Zurückweisung dessen, den er vertritt. Er handelt „im Namen Gottes", nicht in seinem eigenen. Er hat sich dem Gott, der ihn annehmen oder fallenlassen kann, ausgeliefert ohne Vorbehalte. Man kann zwar sagen, daß Gott sich ja bereits in der Auferstehung endgültig zu dem Unternehmen Christi gestellt habe – aber was nützt diese vergangene Auferstehung, wenn sie nicht auch heute geschieht, wenn sie nur ein Einzelfaktum ohne Kontinuität und das heißt zugleich ohne Weltveränderung wäre? Welchen Sinn sollte die Rede von der Auferstehung haben, wenn sich Gott nicht auch heute und weiterhin mit der Sache Christi identifizierte? Christus jedenfalls war seiner Identifikation mit Gott nicht als Identität sicher; er blieb abhängig. Und wo immer wir dasselbe tun, was Christus getan hat, nämlich Gott füreinander in Anspruch nehmen, da machen wir uns abhängig von Gott, indem wir unser Dasein aufs Spiel setzen.

Christus bewahrt die Unabhängigkeit Gottes und bezahlt sie mit der eigenen Abhängigkeit. Er spielt Gottes Rolle, aber als Rolle. Identität mit dem gespielten Gott und Differenz von dem hier nicht erscheinenden, unsichtbar bleibenden Gott sind jederzeit gegenwärtig; Christus handelt, *als ob* er Gott wäre. Er diktiert dem Tod, befiehlt den Naturgewalten, verfügt über Schicksal, jeweils als sei er allein Herr der Welt. Darin vollzieht er die Auflösung der antiken Welt und ihrer Frömmigkeit, wie seine Verurteilung beweist. Ein gewöhnlicher Mensch erklärt, er sei Herr des Sabbats und Herr des Gesetzes; damit wird aus dem ausgesparten, Gott vorbehaltenen Raum ein allgemeiner und profaner, der der Gesellschaft gehört. Dennoch „spielt" Christus diese Rolle nur und bleibt ausgeliefert an das, was wir mit ihm tun. Er hängt von Gott ab, indem er von uns abhängt und von unseren Entscheidungen lebt. Das heißt aber nichts anderes, als daß Gott von uns abhängig ist, daß er auf dem Spiel steht, weil er sein Schicksal an uns geknüpft hat. Die theologische Tradition bezeichnet, ausgehend von dem Christuslied des Philipperbriefes, diese Selbstauslieferung Gottes an uns mit dem Ausdruck „Kenosis". Gott hat sich entäußert, das bedeutet, daß Christus sich in Stellvertretung Gottes schutzlos gemacht hat, daß er ununterschieden in die Welt der Menschen gegangen ist. Er, der die Gestalt eines Sklaven hatte, erfuhr Demütigungen und das, was Gott und ihm bislang fremd war: Schmerzen. Er übernahm freiwillig das Schicksal der Menschen als Selbstentfremdung und als Leben in der Nichtidentität. Mythisch geredet verließ er den Himmel, in dem er mit Gott zusammen in der Herrlichkeit geherrscht hatte, und er hielt keinen Rest von Erfahrung dieser Herrlichkeit – wie einen Raub, wie ein gefundenes Fressen – für sich fest, als etwas, das ihm allein gehörte. Er gab alle Gottesunmittelbarkeit auf zugunsten der vollständigen Abhängigkeit von dem sich vermittelnden Gott.

Aber wie kann diese radikale Abhängigkeit, auf die er sich einließ, nachmetaphysisch, unmythisch gedacht werden? Und wie könnten wir in dieser Sache „gesinnt sein wie Jesus Christus auch war"? Welchen Himmel hätten *wir* denn zu verlassen? Was bedeutet das Ende der Unmittelbarkeit für den einzelnen? Kann denn das „Neue Sein" überhaupt vorgestellt werden ohne eine unmittelbare Nähe oder Erfahrung Gottes?

Es ist deutlich, daß der christliche Mythos ein mehrstöckiges Weltbild voraussetzt, das noch nicht dann überwunden ist, wenn die räumliche Höhe des Himmels und die zeitliche Präexistenz des Gottessohnes als eine vergangene Einkleidung abgestreift wird, ohne daß eine neuzeitliche Entsprechung aufgefunden wäre. Himmel oder Bei-Gott-Sein ist der unmittelbare mythische Ausdruck dessen, was wir säkular Glücksverlangen nennen. Denn dieses elementare Verlangen nach Glück gehört sosehr zur neuzeitlichen condition humaine wie vielleicht für frühere Zeiten die ebenso unwiderlegbare Erwartung eines Jenseits. Wir verstehen dieses Verlangen nach Glück als einen Weltanschauungshorizont, den wir nicht nach Belieben abschütteln können, sowenig wie ein Mensch der Spätantike oder des Mittelalters seine Bezogenheit auf ein postmortales Seelenheil ablegen konnte. Nimmt man diesen innerweltlichen Erwartungshorizont ernst, ohne ihn moralistisch zu verdächtigen, so hat er keine andere Funktion und ist nicht weniger „christlich" als der frühere. Beide, Jenseitsbezogenheit und Glücksverlangen, haben indirekt mit dem Heil zu tun, beide sind gleich weit von ihm entfernt, beide erwarten und denken es als ein Unmittelbares.

Man kann niemanden, auch sich selber nicht, vom Glück auf das „Heil" umfunktionieren, sowenig wie Christus die Menschen von ihrem „Lohn", der doch schon sehr früh mindestens auch als postmortale ewige Seligkeit verstanden wurde, auf ein spiritualisiertes Heil hin umgelenkt hat. Das Heil erschien vielmehr damals im religiösen Kontext der Jenseitserwartung – so wie es heute nur im religiösen Kontext der Diesseitserwartung, jenes geradezu mythischen Glücksverlangens erscheint.

In beiden Fällen aber wird dieser religiöse Kontext von Christus her relativiert und gebrochen. Jenseits *und* Diesseits, Weltflucht und Weltsucht, die Unmittelbarkeit des Himmels und die der Erde stehen im Schatten des Wirklicheren, des sie aufhebenden Kreuzes.

Christus hielt es nicht wie einen Raub fest, bei Gott zu sein – aber unser Verlangen hält am Glück fest wie an einem gefundenen Fressen. Wäre Christus wie wir, er hätte im Himmel bleiben müssen. Statt dessen ging er aus dem Himmel weg und ließ das Glück los – das ist das Ende der Gottesunmittelbarkeit und der Anfang des „Neuen Seins". Es gibt in der Tat nur eine einzige Chance für den Menschen, sein Verlangen nach Glück, das so tief eingebrannte, loszuwerden: das ist die Chance der Liebe. Im Sein-für-andere erübrigt sich die Suche nach der eigenen Identität: die Liebe will den Himmel nicht. Sie braucht ihn nicht. Nicht, als ob sie der Himmel wäre – und erst recht nicht, als ob sie Verzicht leistete auf ihn! Aber sie „vertritt" den abwesenden Gott in der Welt, sie „setzt" auf den hier erscheinenden Himmel. Sie hält Gott nicht fest wie einen Raub, und sie hat keine Angst mehr um das Unmittelbare. Denn auf dem Wege der Vermittlung, der Entäußerung in das Dasein für andere, das immer Dasein in der Fremde, im Schmerz und in der Einbuße an eigenen Möglichkeiten ist, erscheint das Weggeschenkte von neuem, so wie der Lohn in der Verkündigung Jesu dann erscheint, wenn er nicht mehr das berechenbare Ziel des Handelns ist (vgl. Luk. 6, 35; Matth. 6, 3 f.). Unser Zerbrechlichstes, das Glück, lebt nur außerhalb seiner Besorgung. Denn Identität ist nicht, wie es zunächst scheinen könnte, das Unmittelbarste, sondern das Vermittelte. Darum kann sie, christlich gedacht, nur erscheinen in der Stellvertretung, in der der Vertreter sich abhängig macht von dem Vertretenen.

Diese Abhängigkeit Christi als Selbstauslieferung ist der Grund seines Leidens. Christus vertritt den Gott des Lebens nur, er ersetzt ihn nicht. Weil Christus abhängig bleibt von Gott, darum leidet er und trägt die Schmerzen Gottes in der Welt. Jede Form von Lebensersatz füllt die Lücken des Lebens aus und perfektioniert das lückenhafte Dasein. Der abhängige Stellvertreter dagegen hält die Lücke offen, die Gottes Leben darstellt, und eine offengehaltene Lücke ist konkret Schmerz, der sich nicht schließen und stillen läßt, solange sich Gottes Identität in der Welt nicht bezeugt hat.

Die in der Stellvertretung übernommene Abhängigkeit vom Urteil eines anderen begründet die Fähigkeit zu leiden. Wäre Christus unabhängig – ein König, ein Held, ein Sieger, und nicht ein Vorläufer, ein Anwalt, ein Schauspieler –, er wäre nicht vor allem der Mann der Schmerzen, der leidend Gottes Stelle in der Welt offenhält. Die im Evangelium gemeinte Liebe ist nichts anderes als das radikale Eintreten eines für einen unersetzlichen anderen: vorläufige und sich selbst abhängig machende Identifikation. Christus hat sich mit Gott identifiziert und sich selber in die Abhängigkeit davon gebracht, daß Gott zu seiner Identität käme. Wer sich mit Christus identifiziert, der vertritt in der gleichen Weise Gott in der Welt, leidend und vorläufig.

So ginge es denn um Gottes Identität in der Welt? Jedenfalls denen, die die Identität des Menschen und ihre Unersetzlichkeit nicht aufgeben können: sie werden weiterhin darauf warten, daß Gott mit sich identisch werde. Allerdings ist seine Identität nicht eindeutiger oder anschaulicher als die seiner unersetzlichen Freunde. Zweideutig und verhüllt erscheint auch sie, versteckt ins Abenteuer des Weltlich-Werdens.

Aber das Versteckte ist nicht das Vergessene und nicht das, was sich so vollständig in Welt aufgelöst hat, daß es auch ersetzt werden könnte. Wenn die Rede von der „Weltlichkeit Gottes" ein Recht hat, so kann es sich nicht um die Auflösung Gottes in Welt handeln — deswegen, weil der gegenwärtige Zustand der Welt nicht so „gottfarben" ist, wie er dann sein müßte. Gott ist unserer Geschichte deswegen nicht immanent, weil seine Identität in ihr noch immer aussteht, weil Jesus weiterhin am Kreuz hängt und sich nicht auf die einläßt, denen es lieber wäre, daß er herabstiege, sei es, um in den Himmel zu fahren, sei es, um endgültig begraben zu werden. Noch ist kein Ende der Erniedrigung und Verdinglichung abzusehen, noch steht Gottes Identität aus in einer Welt, die von der Ersetzbarkeit aller bestimmt ist. Stiege Christus herab, so hätte er sich einverstanden erklärt mit ihrer Verdinglichung. Weiter leidend, hält er fest an seinem noch nicht erschienenen Reich, ein ohnmächtiger Anwalt der Menschen, der Schauspieler Gottes.

Denn Gott wird nicht nur verkündigt und von Propheten angesagt und verheißen, er wird vielmehr vertreten in der Welt, und nur só bleibt sein Reich offen und fällt nicht der Vergessenheit anheim. Christus lebt – das heißt, er ist gegenwärtig, wo immer Gott vertreten wird. In der Stellvertretung wird Gottes Reich bezeugt, aber als hier nicht Erbautes. Die Erinnerung an Identität, die Christus uns leistet, ist das als Schmerz wachgehaltene Bewußtsein von dem nicht erschienenen Reich. Stellvertretung ermöglicht eine Art von Leiden, das nicht blind, ohnmächtig und unfruchtbar macht, das nicht der Selbstzerstörung anheimfällt, die die Leidenden einander und ihrer Welt antun. „Der Mensch wird aufgerufen, das Leiden Gottes an der gottlosen Welt mitzuleiden."[79] Wer „die Leiden Gottes" mitleidet, der wartet weiter auf Gottes Identität, die mit einem älteren Namen Reich Gottes heißt.

Auch da, wo man meint, auf diese Identität Gottes verzichten zu können, auch da steht der Stell-

---

[79] D. Bonhoeffer, Widerstand und Ergebung, München 1954, 244

vertreter für Gott ein und hält ihm den Platz frei. Christus bewahrt das unvergessene Reich und ermöglicht uns, im Aufschub zu leben. Er bleibt darin unüberboten – es gibt keine größere Nähe zu Gott als die seine, die des Protagonisten und des Platzhalters, des Anwalts und des Schauspielers. Überboten wird er einzig von dem neuen Himmel und der neuen Erde, deren wir warten. Von nichts anderem, von diesem aber so sehr, wie nur er selber es wünschen mochte.

In Christus hat Gott auch nach seinem Tode, als dem eines unmittelbaren Gegenüber, Zukunft. Da Gott seine Versprechen nicht eingelöst hat, sah Christus es nicht als seine Aufgabe an, diese Versprechen weiterhin zu wiederholen, er vertrat vielmehr das noch nicht erschienene Reich der Identität. Dieses Reich ist „nahe herbeigekommen" – in diesem Stellvertreter, der Gottes Platz frei hält in der Welt und so Gott Zukunft läßt.

Gott leidet an seinem nicht oder nur stückweise realisierten Dasein in der Welt. Er leidet an seinen Niederlagen, die niemand so gut weiß wie seine Schauspieler in der Welt, die ihn unter den Bedingungen der Ohnmacht spielen. Er will vertreten werden, er hat sich selber vertretbar gemacht, er hat sich bedingt, er hat sich vorläufig gemacht, er ist abhängig geworden. Er vermittelte sich in die Welt. Er wurde Mensch.

SCHLUSS:

Die Ohnmacht Gottes in der Welt

Christus hat Gottes Rolle in der Welt übernommen, aber in dieser Übernahme wurde sie verändert zu einer Rolle des ohnmächtigen Gottes. Der abwesende Gott, den Christus vertritt, ist der in der Welt Ohnmächtige, dessen Erfahrung trotz der theistischen Unmittelbarkeit, zu der Gottes Allmacht hinzugehört, auch vergangenen Jahrhunderten nicht ganz fremd blieb. Als das Entscheidende wird sie allerdings erst angesehen nach dem Tode Gottes. Dietrich Bonhoeffer spricht in seinen letzten Briefen wiederholt von dieser Ohnmacht Gottes in der Welt, ja ihre Erfahrung kann als der Grund seiner nicht-religiösen Interpretation christlicher Begriffe angesehen werden. „Gott läßt sich aus der Welt herausdrängen ans Kreuz. Gott ist ohnmächtig und schwach in der Welt, und gerade und nur so ist er bei uns und hilft uns. Hier liegt der entscheidende Unterschied zu allen Religionen. Die Religiosität des Menschen weist ihn in seiner Not an die Macht Gottes in der Welt, Gott ist der deus ex machina. Die Bibel weist den Menschen an die Ohnmacht und das Leiden Gottes; nur der leidende Gott kann helfen."[80] In diesem

---

[80] a. a. O., S. 242

Sinne ist jener Atheismus, dessen „Felsen der Schmerz" ist (G. Büchner), also der aus dem unlösbaren Theodizeeproblem hervorgegangene, selber noch Religion im Sinne Bonhoeffers. Denn jener Gott, der wegen des Leidens der Unschuldigen angeklagt wird, ist der Gott der Allmacht, der König, Vater und Herrscher über die Welt. Ihn klagt die Moderne mit Recht an – und alle theologischen Kunststücke, sie zum Schweigen zu bringen durch die bloße autoritative Setzung Gottes, der uns verstummen heißt, weil nur er das Recht des Fragens und der Anklage hätte, können die Wahrheit dieser Frage an den allmächtigen Gott nicht ersticken.

Will man sie nicht zum Schweigen bringen oder religiös verdrängen, so führt sie zur Absetzung des theistisch verstandenen Gottes. Immerhin hat sich der neuzeitliche bewußte und dezidierte Atheismus ja keineswegs nur aus den Quellen naturwissenschaftlicher Aufklärung und historischer Kritik gespeist; sein existentielles Argument (bei Büchner und Heine, bei Grabbe und Jacobsen) waren der Schmerz, die Ungerechtigkeit und das Leiden der Unschuldigen. In allen Religionen sind die Schmerzen der Menschen zur Frage an die allmächtigen und glückseligen Götter geworden; nur in Christus erscheint die Auffassung vom leidenden Gott, nur hier sind es Gottes eigene Leiden, die von einem Menschen übernommen werden, erst seit Christus ist deutlich geworden, daß wir Gott töten können, weil er sich uns ausgeliefert hat. Erst seit Christus ist Gott angewiesen auf uns. Denn Christus hat sich nicht mit dem gelassenen Zuschauer unserer Schmerzen identifiziert, sondern er hat lehrend, lebend und sterbend die Ohnmacht Gottes in der Welt als das Leiden der nichts ausrichtenden Liebe dargestellt. „Jesus ruft nicht zu einer neuen Religion", in der uns Gott unmittelbar gegenwärtig würde, „sondern zum Leben", angesichts des abwesenden und unwirksamen Gottes[81]. Bonhoeffer fragt weiter, wie „dieses Leben der Teilnahme an der Ohnmacht Gottes in der Welt" aussieht. Es ist Stellvertretung Gottes auf Erden.

Wenn noch für das 19. Jahrhundert der Schmerz „der Felsen des Atheismus" ist, so gilt in diesem Jahrhundert, daß nichts uns so sehr auf Gott hinweist wie seine Niederlagen in der Welt. Daß Gott in der Welt beleidigt und gefoltert, verbrannt und vergast wurde und wird, das ist der Fels des christlichen Glaubens, dessen Hoffnung darauf geht, daß Gott zu seiner Identität komme. Dieser Schmerz ist unauslöschlich, und diese Hoffnung kann nicht vergessen werden. Was den Christen gemeinsam ist, ist „das Teilhaben am Leiden Gottes in Christus. Das ist ihr Glaube."[82] Darin wissen sie, daß Gott ohmächtig ist und Hilfe

---

[81] a. a. O., S. 246

[82] a. a. O., S. 245

braucht. Als die Zeit erfüllt war, hatte Gott lange genug etwas für uns getan. Er setzte sich selber aufs Spiel, machte sich abhängig von uns und identifizierte sich mit den Nichtidentischen. Es ist nunmehr an der Zeit, etwas für Gott zu tun.

LESERATSCHLÄGE:

Bloch, Ernst: Das Prinzip Hoffnung, Frankfurt 1959
Bonhoeffer, Dietrich: Ethik, Hrsg. Eberhard Bethge, München 1966, 7. Aufl.
—, Widerstand und Ergebung. Briefe und Aufzeichnungen aus der Haft. Hrsg. Eberhard Bethge, 1966, 13. durchges. erw. Aufl.
Buber, Martin: Die Erzählungen der Chassidim, Zürich 1951
—, Zwei Glaubensweisen, Zürich 1950
Buhr, Heinrich: Der Glaube — was ist das?, Pfullingen 1963
Bultmann, Rudolf: Glauben und Verstehen, Bd. 1, Tübingen 1961, 4. Aufl.
—, Jesus, Tübingen 1964, 25.—27. Tsd.
Camus, Albert: Der Mensch in der Revolte, Hamburg 1964, 13.—15. Tsd.
Ebeling, Gerhard: Das Wesen des christlichen Glaubens, Tübingen 1961, 13.—16. Tsd.
Gehlen, Arnold: Die Seele im technischen Zeitalter, Hamburg 1957
Gogarten, Friedrich: Die Verkündigung Jesu Christi, Tübingen 1965, 2. erw. Aufl.
—, Verhängnis und Hoffnung der Neuzeit, Stuttgart 1958, 2. Aufl.
—, Was ist Christentum?, Göttingen 1956
Heidegger, Martin: Sein und Zeit, Tübingen 1967, 11. Aufl.
Hirsch, Emanuel: Die idealistische Philosophie und das Christentum, Gütersloh 1926
Jonas, Hans: Gnosis und spätantiker Geist, Bd. 1, Göttingen 1964, 3. verb. Aufl.
—, Zwischen Nichts und Ewigkeit. Zur Lehre vom Menschen, Göttingen 1963
Loegstrup, Knud E.: Die ethische Forderung, Tübingen 1959
Pannenberg, Wolfhart: Was ist der Mensch?, Göttingen 1964, 2. Aufl.
Robinson, John A. T.: Gott ist anders, München 1964, 7. Aufl.
Scholem, Gershom: Judaica, Frankfurt 1963
Tillich, Paul: Die neue Wirklichkeit, Stuttgart 1963
—, Auf der Grenze, 1964, 4. Aufl.
—, Der Mut zum Sein, Stuttgart 1964, 5. Aufl.
Weil, Simone: Das Unglück und die Gottesliebe, München 1961, 2. Aufl.

INHALT

Einleitung: Unterwegs zur Identität ... 7

I. STELLVERTRETUNG UND ERSATZ (DAS VORVERSTÄNDNIS) ... 19

1. Eine Wortuntersuchung ... 21
2. Die Dialektik der Rolle ... 27
3. Die idealistische These: Der unersetzliche Mensch ... 35
4. Die Antithese: Alles ist austauschbar ... 47
5. Die Synthese: Der Mensch ist unersetzlich, aber vertretbar ... 52
6. Die Struktur der Stellvertretung ... 64

II. ZWISCHEN MAGIE UND ERSATZ (STELLVERTRETUNG IN DER THEOLOGISCHEN TRADITION) ... 73

1. Einleitung ... 75
2. Das magische Verständnis ... 80
3. Stellvertretung im Neuen Testament ... 86
4. Das juristische Verständnis ... 93
5. Die Überwindung der moralischen Imputation durch Hegel ... 102
6. Das inklusive Verständnis ... 110
7. Das objektivistische Verständnis bei Karl Barth ... 116
8. Die Dialektik von Angewiesenheit und Verantwortung (Auseinandersetzung mit Bonhoeffer) ... 121

III. DER STELLVERTRETER (ENTWURF EINER NACHTHEISTISCHEN THEOLOGIE) — 131

1. Einleitung — 133

CHRISTUS VERTRITT UNS VOR GOTT — 142

2. Die Vorläufigkeit Christi (zur Auseinandersetzung mit dem Judentum) — 142

3. Die Identifikation Christi — 150
   a) Der wahre Lehrer — 150
   b) Das Problem der Strafe — 158

4. Die Abhängigkeit Christi von uns — 165

5. Die Bedeutung des Ausdrucks „vor Gott" — 171

CHRISTUS VERTRITT GOTT BEI UNS — 175

6. Der Tod Gottes und die Vorläufigkeit Christi — 175

7. Christi Identifikation mit Gott — 184
   a) Die Proklamation Gottes — 184
   b) Der Schauspieler Gottes — 189

8. Christi Abhängigkeit von Gott — 192

Schluß: Die Ohnmacht Gottes in der Welt — 202

Leseratschläge — 206